LA RELIGIEUSE

DE

TOULOUSE

PAR

M. JULES JANIN

Tome premier.

PARIS

MICHEL LÉVY FRÈRES, LIBRAIRES-ÉDITEURS

RUE VIVIENNE, 2 BIS

M DCCC L

LA RELIGIEUSE

DE TOULOUSE

IMPRIMERIE D'E. DUVERGER,
RUE DE VERNEUIL, N° 6.

LA RELIGIEUSE
DE TOULOUSE

PAR

M. JULES JANIN

*Res antiquæ laudis et artis
Ingredior, sanctos ausus recludere fontes.*
VIRGILE.

TOME I

PARIS
MICHEL LÉVY FRÈRES, LIBRAIRES-ÉDITEURS
RUE VIVIENNE, 2 BIS
—
M DCCC L

J'ai oublié le nom de cet orateur athénien qui devint ridicule dans toute l'Attique pour avoir attaché à sa première plaidoirie un exorde étranger à la cause en litige; si les faiseurs de préfaces se faisaient raconter ce petit accident oratoire, cela leur servirait tout au moins... à ne pas écrire de préface.

C'était bien là mon intention, et déjà je me figurais le contentement de mon lecteur, à cet avancement d'hoirie, lorsqu'en relisant ce gros livre, enfant perdu de l'émeute et des barricades, je suis resté si profondément étonné de mon entreprise, que j'ai compris la nécessité d'expliquer à qui de droit, par quelle suite de douleurs et de consolations, de tempêtes et d'heures paisibles, je suis arrivé à une composition qu'il serait assez difficile de classer parmi les divers produits de l'esprit contemporain.

Comme pas une créature, ici-bas, n'est contente de son sort, depuis le cheval de charrue, envieux du cheval de course, jusqu'au bœuf ruminant dans les gras pâturages qui se plaint de son oisiveté, un des très rares bonheurs du critique de profession, quand il n'a pas renoncé à toute espérance de renommée, c'est d'avoir toujours, sur le chantier de ses rêveries intimes, quelque travail de longue haleine, quelque chef-d'œuvre à accomplir, ou tout au moins une grande chose à creuser, le canot de Robinson Crusoé, par exemple. Quand la nacelle est achevée, rien n'y manque, sinon l'Océan pour la recevoir dans ses ondes obéissantes, et le vent du midi qui enfle cette voile hardie, au sommet du mât gémissant. Le canot de Robinson vous représente, en effet, nos plus grandes ambitions et les résultats dont elles sont suivies d'ordinaire, à nous autres les esprits légers, les plumes futiles, les imaginations frivoles, les diseurs de riens élégants et sonores. Tant que nous restons sur le rivage, entre le sable et l'écume, les grands écrivains de l'Océan des belles-lettres nous font de petits signes d'amitié, à l'heure où eux-mêmes ils s'embarquent sur la haute mer; mais essayez, pour votre propre compte, de franchir la barre à la marée montante, aussitôt le vaisseau amiral vous envoie une bordée d'indignation et de pitié, tout en dévorant l'espace de sa voile de pourpre et d'or.

On pourrait encore comparer l'écrivain de chaque matinée entonnant, lui aussi, son *exegi monumentum*, au petit bourgeois enrichi dans quelque rez-de-chaussée humide et sombre, qui sur la fin de ses jours s'amuse à se bâtir une maison entre deux jardins. Oh! s'écrient les riches propriétaires des riches provinces, voyez donc cette bicoque! — Une bicoque, il est vrai, messeigneurs, mais pourquoi troubler ce bonhomme dans la construction de son monument *plus durable que l'airain?* L'imagination est un si grand architecte! Si je le veux absolument, elle va donner à mon livre les dimensions de l'*Iliade*, elle va donner à mon château de cartes les proportions du palais de Versailles. Notre construction est légère, bourgeois, mon frère; consolons-nous en songeant qu'elle est en belle position, au soleil, à mi-côte, en belle vue et dans la paisible majesté du paysage d'alentour. Nous ne bâtissons pas, tant s'en faut, pour l'éternité: mais où sont les architectes éternels? Appelons cependant à l'aide de notre édifice éphémère les ressources infinies de la terre et du ciel; c'est notre droit de propriétaire et de rêveur, car, pour l'embellissement de ta maison et de mon poëme, le bon Dieu a fait tout exprès ces plaines immenses, ce beau ciel coloré de tous les feux du jour, ces montagnes voisines des nues, ces forêts vieilles comme le monde, ces fleuves enfants de la même source fécondante. Tout cet ensemble de merveilles, voilà le cadre de notre tableau! Voilà l'enceinte divine dans laquelle notre édifice est renfermé! Voilà le champ clos de mon poëme! Et mon poëme et ta maison, qui ne sont qu'un point dans l'espace, nous donnent cependant une place méritée parmi les arrangeurs et les décorateurs de ce bas-monde. Nous aussi nous avons notre étoile parmi ces étoiles, notre goutte d'eau dans les rosées qui tombent du ciel, notre épi dans ces moissons! Courage donc. Et en dépit de tous les obstacles, ce sera toujours une noble entreprise que de bâtir quelque chose, même de très humble et de très petit, dans ce vaste univers! Même un livre de théologie, même une bicoque à Bagnolet!

Il paraît cependant, s'il faut en croire les rumeurs qui accueillent le petit écrivain ou le petit métayer quand ils veulent toucher aux grandes plaines, que rien au monde n'est d'un exemple plus dangereux. A la seule annonce de cette entreprise incroyable : — C'est chose étrange, disent les messieurs à nez de rhinocéros, que les hommes ne veuillent pas se tenir dans leurs limites naturelles! En voilà un à qui l'on permettait de cultiver, tant bien que mal, les tournesols de son petit jardin, et monsieur plante des tulipes! On le laissait en repos dans sa cabane, raccommodant les bêches et les râteaux hors de service, et monsieur s'en va, au hasard, entassant toutes sortes de gerbes oisives dans une vieille chapelle dont il a fait une grange, mêlant ainsi l'odeur mystique des vieux saints à la senteur champêtre du foin nouveau. O la belle entreprise et la bonne besogne! Ainsi parlant, mon censeur bénévole passe son chemin, très indigné de s'être arrêté pour si peu : un faiseur de bagatelles qui s'inquiète de la *grâce* et de M. Arnault! — *Tu t'élèves..... je t'abaisse*, disait Pascal, cité naguère par M. Guizot. Pascal ne disait pas assez. *Tu t'élèves, je t'écrase!...* à la bonne heure, ceci s'appelle bien parler, littérairement parlant; mais aussi de quel droit s'asseoir à l'ombre des chênes, misérable jardinier de la littérature en plein vent?

Ces sortes d'anathèmes du grand contre le petit, je les comprends et j'en reconnais la justice. En effet quelle pitié, un écrivain de feuilles volantes qui s'attaque à l'histoire! Le sténographe ordinaire de mademoiselle Carlotta Grisi qui commente Bossuet! Madame de Maintenon, ô profanation! sur le *folio verso* de mademoiselle Déjazet! Fi! vous dis-je, des gens de notre

espèce qui osent rêver la renommée,
comme si le bruit n'était pas déjà trop bon
pour eux! Il est vrai que dans ce siècle des
égaux et des frères la gloire coule à pleins
bords, et pour tout le monde, comme
l'eau des torrents en hiver. Pour peu que
vous ayez fait une révolution, ou publié un
évangile, votre front se perd dans les cieux.
Quel chanteur en tournée ou quelle comédienne en vacances se met en route sans
un petit bout d'auréole sur sa tête et des
couronnes plein sa malle? Le ventriloque,
l'escamoteur et le faiseur de proclamations
autant de gloires incontestées. Pour un joli
coup d'archet, pour une barricade de haut
style, on fait de vous une majesté, tout
simplement. Le laurier est devenu un bois
de chauffage. Tu n'as pas de vase pour puiser à ce torrent de gloire, — baisse-toi et
bois dans ta main et à ta soif! Voilà ce
qui se dit à chacun et à tous; il n'y a que
nous autres, les tristes enfants du hasard

littéraire, qui n'ayons pas le droit de toucher à ce déluge. Nous voulons boire, l'eau évite nos lèvres arides; nous voulons un brin de laurier, arrive un coup de vent qui chasse la feuille sacrée et la porte sur le chapeau d'un joueur de flûte. — «Bon! s'écrie le joueur de flûte en secouant son feutre rougissant, voilà le vent qui salit mon chapeau!»

Courbons la tête, résignons-nous, et pendant que l'avocat sans cause et le médecin sans malades touchent au sceptre, montent sur le trône et s'amusent à faire un consul de leur cheval poussif, rappelons-nous un écrivain futile de la docte antiquité, un des nôtres, un nommé Lucius, qui était de son temps un écrivain d'épigrammes, de chansons et de billets doux. Pauvre Lucius! il avait voulu, lui aussi, toucher à la drogue qui fait de l'homme un aigle, et, comme on dit en bon français, il paya cher les pots cassés :

« A toute force, et quand je fus bien per-
« suadé que je n'étais pas le jouet d'un rêve,
« je suppliai mon amie Palestre, la jeune
« servante du logis, de me procurer l'es-
« sence choisie qui devait faire de moi un ai-
« glon ! J'étais curieux de savoir si j'aurais
« à la fois l'âme et le plumage de l'oiseau de
« Jupiter. Palestre, qui n'avait rien à me
« refuser, se glisse dans la chambre de sa
« maîtresse; elle en rapporte une composi-
« tion infernale avec laquelle je me frotte
« par tout le corps. La métamorphose
« commence à l'instant même.—O surprise!
« je devins, non pas le tyran des airs, mais
« le plus sot de tous les quadrupèdes, un
« âne! Ma figure s'allonge et aussi mes oreil-
« les; je veux parler, ma voix répond à ma
« forme nouvelle — Ah! s'écriait la pauvre
« fille, malheureuse que je suis! Je viens de
« faire de la belle besogne! J'ai pris une
« fiole pour l'autre! Mais prends courage,
« mon cher Lucius, demain, au petit jour,

« je t'apporterai des roses pour ton pre-
« mier repas; soudain tu retrouveras ta
« forme première, et moi je retrouverai
« mon amant. »

Ceci est notre histoire à nous tous, les écrivains faciles, exposés toute notre vie aux foudres des Jupiters tonnants de la grande prose! La belle Palestre, c'est la poésie légère et court vêtue des Lucius du feuilleton, aussi bien que des Lucius de Patras; la belle se trompe de fiole, et d'un grand personnage qu'elle voulait faire, elle fait un âne! « O « fatale ambition de devenir un aigle!» s'écrie l'ânon en son patois. Passe à la fin un homme qui porte des roses dans une corbeille, et l'âne redevient Lucius tout court, Lucius le faiseur de chansons. Plus heureux en ceci que tant d'autres, parmi ses confrères, qui n'ont pas trouvé, tant s'en faut, le moyen de changer en roses leurs chardons.

Vous voyez que moi aussi je connais le danger que nous courons tous en touchant à la drogue par laquelle les chouettes et les vautours deviennent des oiseaux du plus brillant plumage. Croyez-moi, amis, mettons à profit les enseignements des magiciennes de la Thessalie, contentons-nous de notre forme première, et surtout ne comptons pas sur les roses pour la reprendre, une fois que nous en aurons changé. Laissons les belles fleurs de la poésie aux hommes graves, à nos chefs d'emploi, à la grosse cavalerie de la prose et du poëme, et que le chardon nous suffise ; épingles, loin de nous la prétention des épées ; passe ton chemin, ironie, dont les Grecs avaient fait une déesse : tu n'es bonne que pour amuser les oisifs, un instant, chaque jour.—Voilà donc qui est bien convenu, il faut que les petits laissent les gros livres aux grands esprits. Nous n'avons pas le droit, nous autres, de toucher à l'in-octavo, plus qu'à l'arche d'alliance les enfants d'Israël.

Rien n'est plus vrai, et cependant, au risque de ne plus rencontrer même un chardon sur cette route qui nous est défendue, je le déclare ici tout net, j'aimerais mieux, une fois pour toutes, renoncer au culte des lettres, l'amour, la passion et le bonheur de ma vie; j'aimerais mieux m'abaisser au rang des âmes mal pétries qui n'aiment que les biens de la fortune vulgaire, et devenir tout simplement un bon rentier dans son réduit ou dans son château, qui s'amuse à ne rien savoir de ce qui se passe de précieux, de charmant, d'amoureux et de poétique sous le soleil; que dis-je? j'aimerais mieux écrire, toute ma vie, de petites brochures politiques, mélange subit de dévouement et de bonhomie sans fard, naïves comme l'innocence, simples comme l'âge d'or, et, Florian de conseil général, Ménalque d'assemblée législative, m'en aller, malgré vents et marées, le chapeau à la main, l'ambition au cœur, pour solliciter à force de lâchetés, de mensonges et de bassesses, les suffrages désintéressés de trente ou quarante mille Talleyrands de banlieue, afin d'avoir le bonheur de représenter à moi seul ces quarante mille façons de conduire, de régler, de glorifier et de sauver le genre humain.

Oui, mieux vaudrait se contenter, pour vivre quelques heures ici-bas, des plus malheureux instincts du cœur de l'homme, vivre de haine par exemple, ou d'avarice comme un loup, et exercer honorablement ces belles vertus dans quelque bourgade rouge et villageoise, à l'ombre d'un peuplier de la liberté, surmonté d'un lambeau de calicot bleuâtre en guise de feuillage, que de renoncer, sinon à l'espoir de créer une grande œuvre, de la tenter du moins. C'est une bonne chose, à tout prendre, quand chacun doute de vous et vous tient parqué entre quatre broussailles, de se retrancher dans la conscience de soi-même, comme dans un rempart inaccessible; inaccessible en effet, il est à l'abri de la flamme et de l'invasion, il a sa base au fond de l'âme humaine, son sommet touche au séjour des dieux.

Étonnez-vous donc que j'eusse en réserve, depuis tantôt dix années, mon chef-d'œuvre, mon ambition, mon rêve, mon canot! Cela s'appelait, j'en puis bien dire le titre maintenant que j'y renonce (si j'y renonce!) *La Fin du Monde!* Rien que cela : *La Fin du Monde*, un de ces livres qui ne peuvent se méditer et s'accomplir qu'au milieu d'une paix profonde, quand l'arbre de Minerve protége le monde de son ombre heureuse, ou mieux encore à l'ombre auguste et bienveillante de votre trône entouré d'honneurs, de respect, de fortune, d'enfants nombreux et dignes de Henri IV, votre aïeul, ô roi Louis-Philippe Ier, dont la chute immense devait ébranler l'Europe ingrate, pour plus d'un siècle! Vous viviez en ce temps-là, Sire, et nous vivions, à votre suite, dans les régions hautaines d'une paix glorieuse, dans le séjour élevé de l'ordre et de l'obéissance, sentiers lumineux par lesquels la vie des peuples marche et s'avance d'un pas régulier! C'était, parmi les intelligences de votre nation, à qui signalerait votre règne par un chef-d'œuvre, ô roi qui nous avez montré tant de prudence à côté de tant de grandeur, ô roi créé et mis au monde pour le bonheur de tous! Durant dix-huit ans (le règne du cardinal de Richelieu), il nous a donné, au péril même de sa couronne, une sécurité bienheureuse; il a achevé par sa modération, autant que par sa prudente sagesse, toutes les œuvres commencées par les royautés qui avaient précédé la sienne; un roi sage, qui préférait le modeste honneur de couronner l'Arc de Triomphe des batailles impériales, à la gloire même des géants qui avaient jeté à cette place les premières fondations de cette pierre illustre et qui soudain étaient disparus dans la tempête ardente, sans demander quelle main royale ou quelle providence écrirait l'inscription réservée à ce temple.... à ce tombeau !

Comment en un plomb vil l'or pur s'est-il changé ?

Hélas ! qui le croirait ? trois hurlements de quelques bourgeois armés de fusils tout neufs ont suffi pour renverser des droits établis sur le consentement et sur la fortune de tant de millions d'hommes ; un quart d'heure d'emportement et de délire devait briser ce trône, fondé sur la prudence d'un tel monarque, sur les pieuses vertus de la meilleure des reines, sur le zèle et le courage de tant de jeunes gens, épées vaillantes, cœurs généreux, les princes légitimes de la jeunesse française. Hélas ! l'exil soudain a emporté cette gloire accomplie et ces victoires naissantes, comme le vent la feuille d'automne; une douzaine d'esprits venus des ténèbres ont osé affronter le grand jour, et voilà, ô néant de la majesté humaine! une royauté de plus qui s'en va rejoindre tant de royautés et tant d'empires disparus de la surface de l'univers.

Le vent était si doux qui nous venait d'Épire!

L'heure du roi Louis-Philippe était si favorable et si propice aux études libérales, à l'inspiration, au travail, à toutes les tentatives de l'esprit et de la pensée; les romanciers, les philosophes, les poëtes savaient trouver de si belles heures de silence! La société attaquée se défendait avec tant de calme et de majesté sérieuse; tant de grands esprits, enfants du nouveau règne, au milieu de si nombreux travaux accomplis avec amour, étaient fiers de servir d'instrument à la sécurité publique; la liberté et la justice

s'étaient proposé, comme un chef-d'œuvre
presque divin, de guérir les âmes malades,
de corriger sans violence les esprits rebelles, d'ôter même au châtiment ses cicatrices
flétrissantes; partout la prospérité immense, le travail sans fin; la vallée aplanie;
le fleuve dompté; la montagne franchie en
un clin d'œil; les vieux palais sauvés de la
ruine, Versailles devenu le temple de la
majesté française; les beaux-arts en plein
éclat, les belles-lettres en pleine gloire;
l'éloquence et l'histoire accomplissant leurs
plus grandes entreprises et soumises au génie du même homme. O le beau temps des
chefs-d'œuvre! En quel deuil s'est changé
la fête universelle? Quel feu grégeois a
dévoré ce règne qui nous promettait une
monarchie? Je ne vois plus qu'une ville ruinée et remuée dans tous les sens, une ville
prise d'assaut avec tous les caractères hideux de la terreur générale. Comment faire
pour se retrouver dans ce dédale d'ambi-

tion et de fureurs? A quoi bon, à cette heure funeste, les artistes et les beaux-arts, la poésie et les poëtes; à quoi ont servi ces dépenses énormes, cette magnificence royale, le luxe, la parure et l'ornement du rang suprême? L'aréopage est muet; l'autel d'Apollon est renversé; Athènes libre se voit déchirée par les trente tyrans. Prenez votre courage à deux mains et contemplez, de bas en haut, ces étranges représentants de l'autorité qu'ils ont ruinée. Comptez ces dignités nouvelles, et combien sont accompagnées de souillures! Ouvrez les yeux à ces tristes lueurs des ambitions affamées! Comment! malheureux que nous sommes, nous obéissons à des passions qui ne savent ni commander ni obéir? Comment! dans ces tempêtes qu'ils ont soulevées, nous n'avons pas d'autres pilotes que les auteurs mêmes de notre détresse? C'en est donc fait, courbons la tête sous le joug de ces esprits dépravés qui foulent aux pieds les maximes universelles ; acceptons, il le faut, le nouvel Évangile qui sert de glaive aux mains de ces furieux ! Oublions, oublions la langue d'Auguste et de Louis XIV, pour ne plus nous servir que du vocabulaire effréné où respire le moment de Danton et le siècle de Sylla !... Pendant que je parle ainsi, la foule ignorante s'enrôle sous les drapeaux de la colère publique ; tout se déchaîne ; les légions se séparent de leur général, le peuple se sépare du sénat, cette lumière. Une politique bornée et brutale, privée de bon sens et de pénétration, s'empare de cette France au désespoir. Que de Marius, grands dieux ! et pas un Jules César ! — Tels sont nos maîtres... Les voilà, les voilà, les parvenus, qui vont recueillir les prospérités semées par nos rois légitimes ! Un autre habite ces palais qu'il n'a pas construits ; un autre fauche ces moissons qu'il n'a pas semées : *Barbarus has segetes !*

Au milieu de ces désordres sans nom et

de ces entreprises odieuses que le succès même n'eût pas justifiés, dans ce fracas et ce remue-ménage d'une si triste révolution, je vis tomber à la fois tout ce que j'aimais, et en même temps adieu mon grand livre, adieu mon espérance de gloire! La bonne heure en effet, et bien choisie, à publier *La Fin du Monde,* quand la fin du monde était si proche! J'aurais ressemblé en ceci au musicien qui s'amuserait à faire exécuter par un orchestre nombreux une symphonie intitulée: *Le Jugement dernier!* Au moment où les trompettes, les trombones, l'ophicléide retentissante, le cor et le piston et tout le cuivre de l'orchestre, font entendre leurs clameurs vengeresses, au *tuba mirum spargens sonum!* soudain le vrai jugement dernier, celui de là-haut, embouchant sa trompette d'airain, fait entendre le glas funèbre du monde anéanti!

En ce moment suprême la voix du chaos fait pâlir le soleil; les anges maudits et les anges fidèles se mêlent à ce concert funèbre des générations abolies. Que devient, à ce bruit terrible, le chef d'orchestre, qui tout à l'heure menait tant de bruit et de vacarme au bout de son bâton de mesure? Le malheureux s'arrête éperdu, épouvanté! Fais donc répéter ton *Jugement dernier*, ô symphoniste; fais donc imprimer ta *Fin du Monde*, ô romancier! Fourmi, remplis ton grenier, à l'heure où le déluge universel disperse tes brins de chaume volés au laboureur!

Pour ma part, je fus saisi, en ce moment funeste de février, d'un désespoir si profond, je me sentis pénétré de telles angoisses et d'une si violente douleur de la patrie dégénérée et succombant sous sa propre masse; j'entendais si distinctement, à mes oreilles épouvantées, le bruit des trônes croulant sous les rois, le fracas des temples croulant sur les dieux; j'étais si cruellement épouvanté de voir, chose horrible! la perversité

plus énergique et plus hardie que la vertu,—
tant d'injures mêlées à tant d'injustices, le
droit mis en question, le devoir en doute,
l'autorité au néant, les lois irritées et im-
puissantes, l'offense et le mépris prodigués
aux vaincus par ces vainqueurs d'un jour,
et, dans ce sauve-qui-peut de l'honneur universel; si peu d'âmes au niveau de l'adversité
qui frappait sur elles, si peu de courages restés fidèles à la république du genre humain,
que je fus ébloui comme si la flamme d'une
torche mêlée de fumée eût brûlé mes pau-
pières et mes yeux. Dans cette nuit profonde,
je cherchais mon chemin; dans cette multitude aveugle, pleine de séditions et de discordes, également prête à courir à sa ruine
et à la ruine d'autrui, je tentais de me frayer
un passage; sur cette liste incroyable de
noms impossibles que chaque matin ajoutait d'une main tremblante à la liste de nos
dominateurs, je cherchais à me reconnaître;
vains efforts! vaine espérance! tant le voile

était épais, tant l'abîme était profond ! tant chacun de nous restait éperdu, entre la nouveauté de celui-ci et la décrépitude de celui-là, ne sachant auquel entendre parmi ces grands hommes poussés en trois nuits d'orage, et, disons-le aussi, laquelle il fallait couronner parmi ces quelques têtes intelligentes et glorieuses que nous étions habitués, depuis notre enfance, à entourer de nos déférences, de nos hommages et de nos respects.

Que faire alors ? que devenir ? quel homme invoquer sur la terre et quel dieu dans le ciel ? Les hommes qui nous protégeaient sont en exil, les dieux qui nous aimaient ont quitté cette ville capitale des impiétés et des discordes ! Soumise à cette chance redoutable du **24 *février*** (le titre du drame le plus sombre de l'Allemagne fataliste), la France entière attendait, prosternée aux autels de la peur, le gouvernement qui allait remplacer cette forme excellente de gouvernement sous lequel la société française avait conservé toute la liberté dont elle pouvait jouir, sans se perdre et se ruiner elle-même. Vous voyez bien qu'il s'agissait, cette fois, de toute autre chose que du travail et de la peine des imperceptibles écrivains de ma caste : qu'ils partent ou qu'ils demeurent, qu'ils vivent heureux ou que la faim les emporte, on ne s'en soucie guère d'habitude ; — au 24 février on eût ri au nez du pauvre diable qui eût demandé aux passants : « Dites-moi, citoyens, de quoi je vivrai demain? » La sotte question, en effet, et la belle nécessité !

Cependant on a beau avoir vécu honnêtement, en fidèle sujet, en galant homme, et s'être tenu en dehors de toute conspiration, au grand jour, au beau soleil, ce n'est pas tout à fait un bon motif pour n'être bon à rien quand les révolutions éclatent, et cette question.... du pain quotidien reste toujours une question pour ceux qui ne vivent que du travail de la journée, enfants perdus de l'art et de la fantaisie, incapables de rien demander à personne, sinon leur gain légitime. On a beau dire de nous et de nos élégies : O les esclaves ! ô les aristocrates ! les voilà qui regrettent hautement la royauté insultée et qui se prosternent à ses autels déserts ; *donc* ils étaient comblés des bienfaits de la couronne ! Bonnes gens, je les plains s'ils ne trouvent pas dans leur propre cœur une autre explication à ce dévouement naturel du sujet resté debout à la monarchie qui n'est plus. Oui, nous pleurons la royauté exilée; oui, même dans notre obéissance et notre soumission au gouvernement établi, nous avons accompagné de nos regrets et de nos larmes le roi de notre enfance et de notre jeunesse studieuse, le roi Charles X ; oui, nous avons pleuré le roi des Français Louis-Philippe Ier, le roi de notre âge mûr; oui, nous nous sommes demandé et nous

nous demandons encore par quelle colère du ciel irrité contre nous celui-ci était tombé, charmante et bienveillante majesté qui tenait à toutes les magnificences de notre histoire et à toutes ses douleurs; par quel coup de foudre celui-là est tombé, majesté tutélaire, souveraine et prévoyante raison? A chacun d'eux nous sommes restés fidèles, plus encore par instinct que par égoïsme; l'un et l'autre, en effet, ils nous ont rendus heureux et riches, mais du bonheur et de la richesse de tous leurs sujets; ces bienfaits inestimables dont ils nous ont comblés, nous les avons partagés avec tous les honnêtes gens qui ont appelé à leur aide l'étude, le travail, la confiance dans le présent, la confiance dans l'avenir; les grâces et les faveurs tombées de ces mains royales, ont été prodiguées à profusion sur le royaume confié à leur garde, et voilà comment nous en avons eu notre part, et voilà pourquoi nous autres, les fils aînés de nos œuvres, nous avons

le droit de bénir et de pleurer les dieux
qui nous avaient fait ces loisirs.

*Rege incolumi mens omnibus una,
Amisso rupere fidem.*

« Tant que le prince est debout, le pays
n'a qu'une âme, » disait Homère. — « Le roi
va bien et ma mère aussi, disait M. le duc
de Grammont. » Mais je reviens à mon point
de départ.

Je disais donc que ce jour déplorable du
24 février, que l'on a appelé d'un nom trop
doux, *une surprise*, quand notre roi fut
arraché à la tutelle de la France, quand notre reine et ses fils et les jeunes princesses,
le frais printemps de cette couronne, furent
partis avec lui, et, par un autre sentier non
moins funeste, lorsque madame la duchesse
d'Orléans, si bien nommée la princesse
Royale, eut emmené par la main les fils de
son mari, arrachés, ô miracle! aux violen-

ces populaires, en un mot au beau milieu de ce chef-d'œuvre de l'anarchie, et d'un si grand établissement tombé dans un si petit abîme, il fallut bien se demander ce qu'on allait devenir? La question s'agrandissait en ce moment de tous les dangers, de toutes les menaces. Déjà la rue était hurlante, et le carrefour hurlant comme la rue; déjà 93 déchaîné poussait son cri de guerre, au refrain des *Marseillaises* évoquées de l'abîme! Dans les cavernes, dans les rues, dans les antres fétides, le club armé de vengeance, de rage et de fièvre, s'abandonnait à ses délires, proclamant toutes sortes de doctrines voisines de la démence, et ces folies furieuses n'étaient pas, qui l'eût jamais pensé? des doctrines absolument nouvelles dans la patrie de Bossuet et de Turgot! Seulement c'était la première fois que ces prêches abominables se faisaient, chez nous, à haute voix, à porte ouverte, et de façon que chacun pût s'enivrer librement de ces doctrines longtemps couvées sous la cendre brûlante des conjurations de l'enfer ! Et pas un de nous, pendant vingt ans de répit, ne s'était douté de l'incendie que recélaient ces catéchismes ! Et pas un de nous, dans notre amour pour les vérités établies, dans notre passion égoïste pour l'éloquence et pour le style des grands maîtres, n'avait daigné jeter les yeux sur les livres barbares des réformateurs aujourd'hui triomphants ! Ah ! malheureux ! que nous avons cruellement porté la peine de notre urbanité et de notre atticisme ! Nous avions des oreilles, mais pour n'entendre que les belles choses ; nous avions des yeux, mais pour n'étudier que les chefs-d'œuvre. Si par hasard on voulait nous faire goûter à cette liqueur forte du paradoxe social, nous détournions la tête de dégoût et d'horreur. Ainsi nous restions muets, l'arme au bras, sans nous défendre, pendant que, dans les ténèbres et dans les profondeurs, grouillaient les évangiles sauvages, proclamant le chaos comme l'unique sauvegarde du genre humain!

C'est notre faute et notre très grande faute! nous nous sommes enivrés pendant trente-deux ans de beaux vers, de savante prose, de bagatelles, de chimères. Nous avons employé notre vie inutile à scander des dactyles et des spondées, à polir des périodes, à faire circuler l'âme et le soleil dans une phrase harmonieuse, écrite dans toutes les règles les plus minutieuses du plus difficile et du plus puéril de tous les arts! Nous avons recherché avant tout l'élégance, la politesse, la forme, et pendant que nous faisions passer nos misérables pois chiches par le trou imperceptible de cette aiguille d'or, les Montagnards, les Socialistes, les Communistes, les faiseurs d'utopies et les improvisateurs en tout genre, toutes gens s'inquiétant peu des lois de la grammaire et du beau langage, chargeaient leurs théories jusqu'à la gueule, et proje-

taient dans le monde aux abois les chimères
les plus dangereuses et les plus perverses,
en guise de boulets rouges. Etonnez-vous
donc, vous tous qui êtes restés assis à l'ombre de votre maison de Tibur ou de Tarente,
que nous soyons tombés si cruellement et
d'une pareille hauteur, du plus beau et du
plus honnête des règnes, dans un provisoire
plein de désordres et de chimères, du besoin de justice dans la soif de vengeance,
de l'esprit d'intelligence et de liberté dans
l'esprit de violence et de tyrannie, de la
vérité lumineuse dans le mensonge, de la
paix universelle dans la guerre sociale!
Pour en avoir trop joui, dans une tranquillité profonde, et sans songer que l'orage
pouvait venir, étonnez-vous que ce beau
ciel plein de grâces et semé d'étoiles se
soit rempli soudain de foudres et d'éclairs!

Telles étaient nos tristes pensées, à nous
tous, les sybarites de ce siècle, venus au
monde à une heure si belle, que nos mères

elles-mêmes ne l'eussent pas mieux choisie, héros d'une odyssée pacifique, dont la barque était poussée par tous les vents favorables de la paresse occupée et de la fortune qui se contente de peu. Mais quoi ! nous n'avons pas veillé sur les ordres d'Éole, et l'outre est percée par un ennemi impitoyable. « Neptune irrité assemble les
« nuages, bouleverse les flots de son trident
« cruel, et, soulevant toutes les tempêtes,
« couvre la terre et l'onde d'épaisses ténè-
« bres. Une nuit immense tombe du ciel
« sur le jour épouvanté. Le vent du midi,
« le vent d'orient, le violent Zéphire et
« Borée, ce tyran des mers, se déchaînent
« et soulèvent des flots d'écume. Dans cette
« tempête, Ulysse, à bout de forces et de
« courage : Ah ! malheureux, s'écrie-t-il,
« à quelle destinée suis-je réservé ? De quel
« nuage le ciel est couvert ! Quel rugisse-
« ment des flots ! Tous les vents ont rompu
« leurs barrières ; on ne voit qu'orages af-

« freux de tous côtés.... Il parlait encore,
« un flot épouvantable vient heurter la
« frêle nacelle; le mât crie et se rompt;
« la voile et l'antenne sont emportées;
« comme un tourbillon dissipe un mon-
« ceau de pailles sèches, la mer furieuse
« disperse au loin les pièces de ce navire
« construit avec des outils divins! »

Vous le voyez, Ulysse lui-même s'agite
et se trouble au plus fort de la tempête,
à plus forte raison si le matelot doit trembler. Minerve protége son héros bien-
aimé, elle ne souffrira pas qu'il soit brisé
sur les écueils blanchis d'écume, mais les
passagers du navire, ils sont perdus! La
déesse ne s'inquiète pas de si peu, et
ils seront bien heureux si la tempête les
jette, pauvres et nus, sur le rivage stérile.
— Courage, amis! disait un philosophe
en voyant des figures de géométrie tra-
cées par une main savante sur le sable désert, courage, je vois des pas d'homme!....

Ulysse lui-même s'est perdu corps et biens dans la tempête de février; la trace civilisée ne s'est pas rencontrée sur ces grèves agitées; le beau navire construit avec des aunes, des peupliers et des sapins, qui *sont les bois les plus secs et par conséquent les plus propres à tenir la mer*, s'est brisé sur l'écueil invisible. Ah! malheureux passager, courbe la tête sous l'orage qui a tout brisé; n'espère pas que la princesse Nausicaa va te conduire dans le palais hospitalier de son père Alcinoüs. Ces sortes de rencontres étaient bonnes pour les naufragés des fables antiques; depuis longtemps Alcinoüs est mort sous les débris de sa maison renversée par les vagues jalouses! De quel droit voudrais-tu lutter contre le naufrage immense? Sois patient, si tu n'es pas fort; si les malheurs publics t'imposent un joug que tu ne peux pas briser; porte ton joug avec résignation, sinon avec courage. La route est cruelle sans doute... sachons pas-

ser sur la route où nous mène le sort, et cependant si, dans cette débâcle de toutes les consciences et de tous les serments, nous savons nous maintenir dans le cercle étroit des honnêtes gens qui ne veulent ni flatter, ni mentir, et pourvu que de temps à autre quelques nobles accents d'une indignation mal comprimée s'exhalent de notre cœur ulcéré, nous serons bons encore à quelque chose. « Un bon citoyen est toujours
« utile, quoi qu'il fasse! Ses discours, son
« silence, son regard, l'accent de sa voix,
« ses gestes, sa présence, sa muette et pas-
« sive résistance, tout porte! — Eh quoi!
« regardez-vous comme inutile l'exemple
« d'un homme qui sait se tenir en repos?
« *Quid? tu parum inutile putas exemplum*
« *bene quiescentis?* »

Belles et honnêtes paroles d'un ancien! Mais aussi que de bienveillance et de consolations se trouvent contenues dans les livres de ces grands hommes qui semblent nous dire, du haut de tant de siècles illustrés par leur génie, ce que disait Caton l'ancien parlant de lui-même à la jeunesse de Rome : « Écoutez, jeunes gens, un vieillard que les vieillards d'autrefois écoutaient quand il était jeune ! » Croyez-moi, tout futile que je suis, pour tous les hommes de bonne volonté, la plus grande consolation des discordes civiles se retrouvera toujours dans l'étude et dans la fréquentation des maîtres. Là seulement se rencontrent toutes les leçons qui surgissent des grandes affaires et des grandes misères : la patience et le courage. Rien qu'à prêter l'oreille à ces enseignements, partis de si haut, il est impossible de ne pas devenir plus fort et meilleur. Nous nous plaignons des révolutions qui nous brisent, et nous ne pensons pas aux angoisses de la société romaine, quand enfin elle comprit qu'elle allait mourir ! Ce fut alors, parmi ces âmes vaillantes, une lutte énergique à qui resterait la palme de la grandeur? L'Éloquence aux abois accablait de son indignation et de son mépris, les bourreaux de la République insultée; l'Histoire, semblable à la Némésis vengeresse, poursuivait de ses serpents et de ses colères ces fous furieux, et, de la pourpre impériale, elle faisait une autre robe de Déjanire. De son côté la poésie satirique, amoureuse, indolente, qui célébrait l'amour, les frais ombrages ou le premier Brutus, élevait sa voix souveraine pour réclamer les droits méconnus de la patrie en deuil, pendant que le philosophe, maître de lui-même comme de l'univers, annonçait, un peu avant l'Évangile, les vengeances du ciel et l'affranchissement nécessaire du genre humain! A ces enseignements suprêmes d'une société au désespoir, tous ces hommes, l'honneur du monde expirant, ajoutaient, le plus souvent, l'exemple et l'enseignement de leur propre mort. Cicéron, Sénèque, Lucain, et même ce bel esprit sans rival, le maître des élégances romaines, Pétrone, dictant dans son bain d'eau et de sang sa dernière chanson de moquerie et d'amour! Les uns et les autres, ô vous, les maîtres de l'esprit, du bon goût et de la sage liberté, vous resterez à jamais nos exemples et nos conseils! Vous nous avez montré la conduite à tenir dans les discordes civiles; quel front opposer à l'orage, et quel beau langage peut parler un homme généreux, le poignard dans le flanc, le poison dans les veines ou bien, la veine entr'ouverte, offrant sa dernière libation à Jupiter libérateur! « Mon fils, je te confie au dieu Mars et aux Muses! » écrivait Auguste vieillissant à Tibère son successeur. Que veut dire cela : *les Muses?* à quel propos? Cela veut dire qu'une fois la Muse oubliée, il n'y a plus d'espoir ni dans la résignation des victimes, ni dans l'humanité des tyrans!

A peine le glas du 24 février s'est fait entendre : je vous salue, enfants intrépides de

la Muse qui se tient assise, indomptable, sur
les débris du monde renversé! Me voici, entourez-moi de vos voix éloquentes, prodiguez-moi vos leçons salutaires! Couvrez-moi
de votre manteau, stoïciens qui êtes morts
en prouvant que la vertu n'était pas un vain
nom! Faites pour moi qui vous implore ce
que fit la déesse pour Ulysse quand il partit
à la recherche de son Ithaque bien-aimée :
« Minerve ne pensa plus qu'à fournir à
« Ulysse ce qui était nécessaire pour son
« départ; elle lui donna une scie brillante
« et une hache à deux tranchants, dont le
« manche était de bois d'olivier. Aussitôt
« Ulysse se mit à l'œuvre. »

Durant les premiers jours de cette révolution, qui brisait autour de nous tant
d'espérances, je ne fus occupé qu'à chercher la forêt que je devais abattre dans mon
île de Calypso. Les matériaux de ma fameuse nacelle : *La Fin du Monde*, étaient là,
sous mes yeux, entassés sans choix et sans

ordre avec l'acharnement d'un antiquaire inhabile et glouton. J'avais enfoui dans cette hotte étrange les haillons de la société du dernier siècle arrivé à son épuisement final. C'étaient des chansons, des épigrammes, des lettres d'amour, des pamphlets, des satires, des prières, des sermons, des oraisons funèbres, des cartels, des bouquets à Chloris, bouquets plus fanés que Chloris; des noms propres et des aventures immondes ramassées dans les greffes poudreux de toutes les licences; pour tout dire, j'avais tenu, en partie double, *le calendrier de nuit* du roi Louis XV et de sa cour. En dix ans de recherches et par des achats sans nombre, dont le plus coûteux représentait à peine quelques centimes, j'avais fait un tas immense d'épluchures, de lambeaux, de chiffons, de reliques, de balayures dans les sentines, dans les coulisses, dans le Parc-aux-Cerfs, dans les sacristies, dans les hôpitaux; à Marly, à Versailles, à Trianon, à Fontainebleau, dans les bastilles, dans les couvents, dans les halles, sur le Pont-Neuf. Certes, si le cœur m'en avait dit, je n'avais pas besoin d'abattre des chênes dans la forêt de Calypso; je n'avais qu'à trier ce tas d'immondices qui n'ont plus de nom, même dans la langue moderne des chiffonniers, et je serais arrivé à quelque chose de monstrueux, tant j'aurais eu, sous la main, un amas purulent et musqué de haillons traînés dans toutes les fanges : pourpres, hermines, dentelles, velours, chasubles, guimpes, manteaux, éventails brisés, sofas boiteux, débris de sceptres et de couronnes, flacons où c'est à peine si l'ambre respire encore; coupes ébréchées où pas une goutte n'est restée du vin répandu en l'honneur des courtisanes, des poëtes et des rois de cette *fin du monde* anéanti !

Mais fi ! ces débauches de l'esprit, des sens et de l'histoire, ne se rêvent que dans les temps calmes, de 1834 à 1846, par exemple;

toucher maintenant à ce *pandemonium*, ma main se serait desséchée! D'ailleurs comme il s'agissait, avant tout, d'arriver à une distraction puissante, il me fallait mieux que le roi Louis XV, agonisant dans l'ennui et la débauche ; Louis XIV lui-même, lui *le roi !* n'était pas trop haut placé pour ma consolation et mon espérance. Les ennemis des rois (c'est une profession, et même assez recherchée) auront beau mordre à cette lime, ils ne sauraient l'entamer. Ce *patriarche des rois*, disait le grand Frédéric en s'inclinant, est resté en effet le représentant de toutes les vertus et de toutes les gloires de la majesté royale. Et croyez-moi, c'est encore à l'ombre de ce trône illustre entre tous les trônes de l'univers, qu'il faut se réfugier dans les temps d'orage, car à cette place souveraine, vous retrouverez, éternellement vivantes, les lois les plus belles, les mœurs les plus cultivées ; toutes les grandeurs de la justice, toutes les gloires de la croyance ; une épée qui vous défende, une voix qui vous encourage, un soleil qui vous éclaire, un sceptre pour vous gouverner.

Je me mis donc à chercher, entre le trône, les parlements et l'église, à la plus belle heure du grand siècle, quelque figure hautaine que je pusse mettre en relief, dans un capricieux tableau d'histoire, et par un bonheur assez fréquent pour les esprits dévoués à leur entreprise, je rencontrai, à la vraie source, dans les *Mémoires de M. le duc de Saint-Simon*, le plus grand historien de Versailles, la précieuse indication que voici :

« M. d'Aguesseau avait beaucoup d'esprit,
« mais encore plus réglé et plus sage ; sa
« capacité était profonde et vaste, son amour
« du bien était ardent ; assez capable d'a-
« mitié et incapable de haine ; grand et aisé
« travailleur, d'une piété unie, solide et de
« toute sa vie. Tant de vertus et de talents
« lui avaient acquis l'amour et la vénéra-

« tion publique et une grande estime du roi;
« mais il avait eu une fille dans les *Filles*
« *de l'Enfance*, cette institution que les jé-
« suites avaient su si étrangement détruire,
« *ce qui fit qu'il n'eut pas les sceaux!* »

Dans la recherche et dans l'ambition qui m'occupaient en ce moment, ce passage des *Mémoires* de M. le duc de Saint-Simon devait certainement me donner beaucoup à penser. A coup sûr, j'étais sur la trace de mon livre et de mon héroïne! Cependant quelle était cette *Institution de l'Enfance*, mise à l'index dans toute la cour de Versailles? A quelle époque florissait *l'Enfance?* En quel lieu? Quel était le nom de cette *supérieure*, dont le souvenir importunait le grand roi à ce point, et quel crime avait-elle commis, pour que son nom fût un obstacle infranchissable aux honneurs mérités d'un homme tel que M. d'Aguesseau qui était le modèle et l'exemple de la magistrature française à son époque la plus brillante?—Certes le problème était difficile à résoudre; j'eus beau chercher, beau lire et relire les *Mémoires* de Saint-Simon d'un bout à l'autre, je ne rencontrai pas un mot de plus qui me mît sur la voie : où et comment, dans de si épaisses ténèbres, trouver le mot de cette énigme? Non, le ministre provisoire de nos finances provisoires ne s'est pas trouvé plus embarrassé, plus occupé et plus préoccupé que moi.

Heureusement que le hasard, qui était notre unique maître et souverain en ce temps-là, vint en aide à son très peu obéissant et très peu fidèle sujet, et qu'il me fit rencontrer l'héroïne que je cherchais, comme le prince du conte des fées, quand il tient la pantoufle de la petite Cendrillon.

C'est notre usage, à nous autres savants du plus petit module, *minimi moduli*, quand nous avons une recherche à faire, nous la faisons, non pas dans les bibliothèques inhospitalières dont la porte vous est fermée, à l'instant même où le feu du travail monte du cœur réjoui à votre cerveau réveillé, mais en plein vent, sur les quais, en fouillant, chaque jour, ces catacombes exposées aux intempéries des saisons et aux études des bibliophiles sans argent. Bibliothèque unique au monde, cette *Laurentienne* des quais, toujours ouverte, complaisante, facile, féconde s'il en fût, avec un peu de soin et de zèle on y trouve, à coup sûr, tout ce qu'on cherche; avec un peu de bonheur on y rencontre même ce qu'on ne cherchait pas.

Nous étions au mois de mai; charmante était la saison, comme si le gai soleil eût voulu donner un démenti aux fureurs de la terre. *O les temps malheureux,* disait Socrate, *lorsqu'un citoyen paisible se demande à chaque instant s'il ne doit pas sortir avec son casque!* Naturellement la ville était en émeute; je sortis, mais sans mon

casque, et, gagnant en toute hâte le quai
Voltaire, non loin de la maison où Voltaire
est mort, et tout au bas de cette fenêtre d'où
il pourrait voir, dans sa magnificence, la
moisson de désordres et de révoltes qu'il
a semée par ce vaste royaume dont il fut
le tyran pendant un siècle, je rencontrai, dans le rebut des livres dépareillés
que le bouquiniste, peu hardi, tient en réserve pour les jours de batailles et de barricades, un riche filon de théologie, et parmi
tous ces volumes passés de mode, ô bonheur! je tombe sur l'histoire des *Filles de
l'Enfance de Notre Seigneur;* je retrouve le
nom et la vie, et la lutte, et les combats, et
les misères de cette femme héroïque et belle
que M. le duc de Saint-Simon avait à peine
indiquée, à propos de M. d'Aguesseau et du
roi Louis XIV! Vous jugez de ma surprise
et de ma joie! Un immense travail à entreprendre, *hic et nunc*, un immense édifice à
construire; la recherche obstinée de ces opi-

nions, de ces doctrines, de ces résistances, mêlées à une histoire d'amour! Pour le coup nous allons savoir enfin comment se conduisaient même les femmes les moins chrétiennes, lorsque le roi osait toucher non pas à leur croyance, mais seulement à leur catéchisme! Nous allons apprendre quel parti violent pouvait tirer une coquette de province de ce petit colifichet spirituel qu'on appelait *la grâce,* et par quels passages difficiles on arrivait de l'art de *chicaner avec Dieu* à la ferme volonté de lutter contre le roi lui-même! J'allais donc soulever un petit coin de ce voile mystique et mondain tout ensemble; elles allaient donc s'envoler sous mes pas réjouis, mouches luisantes de la Sorbonne, cette myriade de petites questions dont la moindre a enfanté ses martyrs! Et enfin, quand la société moderne est à feu et à sang pour des doctrines sauvages, dans lesquelles la force seule est convoquée, voyez-vous le grand bonheur d'abandonner aux furieux ce triste champ de bataille, sans talent et sans vertus, et de se tenir soi-même retranché, sur quelqu'une des pointes délicates dont s'occupait avec tant de verve, de désintéressement et d'éloquence le monde d'autrefois? Oui, une grande fête, d'échapper aux tristes décombres du temps présent, et de chercher son chemin dans les ruines du passé, éclairées d'un si calme et si paisible rayon! Lointain, silence, expiations, majesté d'un siècle oublié, ces gloires et ces rêves prenaient des proportions incroyables dans cette ville de février, livrée à l'émeute, entre ces murailles chargées de bulletins signés *Carnot*, pendant que ce peuple furieux et qui ne sait pas ce qu'il demande s'en va incessamment de l'Hôtel-de-Ville à l'Assemblée constituante, d'un gouffre à un écueil!

Cette paisible journée a été pour mon esprit calmé un jour de repos et d'espérance; elle m'a fait rentrer réellement dans la toute-puissance de moi-même, et ceci par un très simple raisonnement :

Çà, me disais-je, à quoi pensais-tu d'être tombé en ce profond désespoir? Pourquoi ces longs étonnements? A quoi bon ces plaintes, et croyais-tu donc que l'Europe resterait calme et tranquille jusqu'à la fin de tes jours, uniquement parce que c'était ton bon plaisir?

En même temps je me rappelai (ce souvenir me revient bien souvent) la froide matinée d'hiver par laquelle je quittai mon père et ma mère, pour ne plus les revoir, hélas! qu'au lit de mort. Ils s'étaient levés avant le jour, afin de gagner au moins quelques instants sur la douleur des derniers adieux; le vent était glacé, le ciel couvert; le Rhône, notre fleuve bien-aimé, ce *diantre* de Rhône, libre alors, en état de siége aujourd'hui, jetait sur la rive désolée sa vapeur et sa colère. Arrivés aux quatre acacias gémissant sous la brise, à un certain coude que fait l'onde orageuse, nous nous arrêtâmes tous les trois, ma mère me tenant dans ses bras, sans mot dire, mon père immobile et silencieux ; mais que d'éloquence dans ce silence, que d'inquiétudes et de conseils !

J'imagine que si mon père avait eu la force de me parler, avec cette haute et prophétique raison qui est l'éloquence des pères, il m'aurait tenu ce discours :

« Mon enfant, vous allez à Paris, la ville des grandeurs et des miracles ; vous la verrez bientôt cette Athènes vantée, le berceau des chefs-d'œuvre, le séjour enchanteur des plus grands esprits et des renommées les plus pures de ce monde ; la royauté, que Dieu nous a rendue après tant d'orages, y resplendit dans sa pourpre et dans ses gloires ; le roi de France, enfant de saint Louis, remplit de sa majesté les Tuileries et le Louvre sauvés de leur ruine. Il est si beau et si grand, ce Paris des rois légitimes, du roi Charles X, de madame la Dauphine et de M. de Chateaubriand ! Tant de merveilles ! tant d'écoles, de musées, de bibliothèques et d'académies savantes! Tous les arts revenus à la douce lumière du jour, tous les honneurs rendus aux vertus pacifiques! La paix de la France avec l'Europe, la paix du roi avec ses peuples ! Vous apprendrez, en ce lieu splendide, par quels sentiers les hommes habiles vont à la fortune, et les hommes heureux à la gloire. A chaque pas vous rencontrerez les souvenirs féconds des temps et des empires qui ne sont plus, et dans l'étonnement des misères passées vous puiserez une confiance sans bornes pour les prospérités de l'avenir. Allez, mon fils, et pour peu que vous soyez studieux et honnête homme, vous ne trouverez pas d'obstacles! Frappez, et vous verrez s'ouvrir ce nouvel univers fondé sur la bienveillance des vieillards, lassés de tout, pour les jeunes gens destinés à porter un fardeau qui nous est déjà trop lourd. Alors vous pourrez étudier, et de très près, prenez-y garde! les passions, les ambitions et les amours de cette grande cité, redevenue l'orgueil, l'exemple et l'émulation de l'Europe. Alors vous approcherez, et de plain-pied, les nouveaux chefs de cette société nouvelle : les renommées naissantes et les poëtes du nouvel Olympe qui chantent, dans la vieille langue sacrée et rajeunie, celui-ci les *Orientales*, filles du soleil, celui-là les *Méditations*, enfants mélodieux de son premier printemps. Vous les verrez aussi naître et grandir, sous vos regards éblouis et charmés, ces belles personnes l'honneur et la grâce des grands faubourgs, portant sur leurs têtes bouclées le poids léger des plus grands noms de l'Europe, le diadème d'or mêlé aux couronnes de fleurs! Vous, cependant, mon fils, le disciple zélé et reconnaissant de tant d'illustres maîtres, enfants comme vous de l'Université savante, après avoir écouté, dans leur chaire éloquente de la Sorbonne, les trois professeurs immortels de cette génération passagère : l'orateur, l'historien et le philosophe, vous assisterez à la conversation parisienne, cet autre chef-d'œuvre de l'esprit, de l'idée et de l'éloquence, esprit dépensé en petite monnaie, une monnaie inépuisable. Aussitôt donc que vous aurez été introduit et accepté dans cette fête de tous les soirs, où vous jouerez le rôle modeste et sage d'un comparse qui donne la réplique à son chef d'emploi, vous serez de tous les plaisirs; vous assisterez à l'enfantement laborieux du théâtre moderne; vous serez un des juges du camp à ces premières et mémorables batailles qui vont se livrer dans toutes les arènes, de la Chambre des députés au Luxembourg, de l'Observatoire à Notre-Dame de Paris, de l'Opéra où naîtra Meyerbeer au Théâtre-Italien où déjà se fait entendre ce

nouveau-venu du ciel d'Italie, arrivé à
Paris sous la livrée de Figaro! Allez, allez,
mon fils, croyez-en les présages, les temps
sont propices et favorables à toutes les fortunes de l'esprit, et vous assisterez à de
grands spectacles. Le même jour vous pourrez saluer à l'hôtel royal des Invalides les
débris glorieux de la grande armée, et saluer
au Champ-de-Mars la jeune garde royale
épanouie et rayonnante entre Waterloo et
le Trocadéro. Un beau matin vous verrez
revenir, honorée et triomphante, notre armée d'Espagne au bruit des *vivat* et des
fanfares! Un autre jour vous entendrez
raconter que tant de malheureux gentils-
hommes, vieillis dans la misère et dans
l'exil, que 1792 avait chassés de leur pa-
trimoine et de leur patrie, ne seront plus
traités désormais comme des ennemis vaincus dont on a vendu la terre à la criée, et
vous pourrez vous dire, avec l'orgueil d'un
bon citoyen, fier de sa patrie et de son roi,

que ce jour-là le peuple de France a retrouvé la plus belle partie de son domaine, la source la plus claire de ses richesses, le plus digne ornement de la paix, le soutien de la guerre, son plus honnête laurier, son véritable grenier d'abondance, la justice! Enfin, — car c'est ainsi que seront signalées chacune des heures de votre heureuse jeunesse, — enfants pour qui le poëte a chanté :

> Votre âge
> Échappe à l'orage !
> Chers enfants! chantez! dansez !

vous verrez revenir le roi Charles X de son sacre de Reims, et la main royale touchera votre main inconnue et perdue dans la foule! Vous apprendrez aussi à votre réveil que l'Afrique a été conquise et que le drapeau blanc flotte en ce moment sur les murailles d'Alger, ce nid de vautours.

« Que vous êtes heureux d'être jeunes,

jeunes gens destinés à prendre votre part de tous ces enchantements de la terre et du ciel! Rois en effet, et plus riches que le roi lui-même, vous aurez, comme lui, pour vos loisirs du printemps et de l'été, les frais ombrages de Saint-Cloud, les sentiers fortunés de Meudon, les calmes hauteurs de Bellevue entre leurs bouquets d'aubépine. Dans les forêts retentissantes, au bruit du cor, de la meute animée et du cerf aux abois, vous suivrez la chasse royale, et le roi, le premier, vous saluera en passant. En automne, Fontainebleau, ce rendez-vous de palais, de forêts et de jardins, vous recevra sous sa treille jaunissante, ou bien, si les grandeurs vous fatiguent, qui vous empêche de promener, incognito, votre paresse vagabonde sur le lac d'Enghien, dans les bois d'Ermenonville, à Montmorency, le vallon de madame d'Houdetot et de Jean-Jacques? Allez, mon fils, allez à Paris, vous y êtes attendu par de longues années d'une prospérité incroyable ; pendant bien longtemps vous n'aurez pas d'autre souci que de vous abandonner à la joie intelligente des études, des félicités des passions et des surprises sans cesse renaissantes.

« Point d'entraves, pas de gêne pour vous; seulement les plus simples devoirs à accomplir, et la tâche la plus charmante. Vous serez tout de suite tout ce que vous pourrez être, et, dans votre ambition satisfaite, vous n'aurez pas d'autre maître que vous-même, sinon le plus admirable et le plus bienveillant de tous les hommes, pour vous protéger de son expérience et de sa sagesse, noble vieillard qui, vous prenant par la main, comme je ferais moi-même, mais d'une main plus ferme, vous apprendra à gagner facilement, par un travail facile, votre pain de chaque jour ! Vous serez un roi, vous aussi, dans cette royauté universelle, abondante comme l'eau des fontaines, claire et sacrée comme le soleil. »

Quand elle a parlé, la voix décevante, et comme le prophète me voit prêt à partir, la voix continue, et d'un ton sévère : « Écoute encore, jeune homme impatient qui te figures que trente ans c'est un siècle; écoute! je ne veux pas te tromper et te révéler un ciel sans nuages, à travers une voie lactée qui n'aura pas de bornes. Ce Paris où je t'ai montré la vie heureuse et brillante est un volcan! Ce trône des rois, c'est le Vésuve! Ce roi Charles X, le meilleur des princes que le ciel ait donnés à la terre, tombera en vingt-quatre heures, et la royauté impérissable disparaîtra, comme disparaît l'étoile qui tombe à travers les mondes de là-haut! Bientôt, sur ce trône ruiné de toutes parts, un autre roi viendra, obéissant aux vœux de tout un peuple qui se dira : « Je viens de couronner Numa et Nestor! » Ce nouveau prince, ce nouveau père, régnera par la prévoyance, par la fermeté, par la sagesse, au milieu des violences et des crimes, sous le feu des escopettes, sous le coup des trahisons et des poignards, entre Jacques Clément et Ravaillac! Le monde, un instant sauvé par cette tête couronnée d'épines, chantera ses louanges dans un *Te Deum* universel; mais à l'instant où plus rien ne manquera à tant de grandeurs, soudain le trône s'abîme, et la démagogie hurlante entonne sur le rhythme abominable des Jacobins son hymne de délire et de fureur. Ah! c'est en ce moment funeste que vous êtes attendus, enfants des derniers temps de Napoléon empereur; c'est justement à cet abîme que vos pères, tremblants pour vous, non pour eux-mêmes, sauront enfin si vous êtes des hommes dignes de combattre un pareil orage, et si la prospérité ne vous a pas amollis sans rémission!

«Pour le coup, et à votre tour, vous connaîtrez les heures mauvaises; plus de merveilles, plus de miracles, plus d'éloquence,

plus de chansons, plus de cantiques, plus
de majesté, plus de remparts, plus rien de
la terre et du ciel d'autrefois. Entendez-
vous la voix du club étouffant la voix du
poëte; la foule imposant sa volonté aux intelligences? En ce moment, toute fortune est
croulante, toute gloire est abaissée; le roi
disparaît, emportant sa famille et ses dieux
pénates; le magistrat est chassé du temple
même de la justice; ô douleur! on brise entre ses mains suppliantes l'épée indignée du
capitaine; l'artiste, au désespoir, porte sur
lui-même des mains homicides; on verra,
on verra au milieu de Rome, soulevée contre
son père et contre son Dieu, des jeunes gens
de la meilleure race française tomber sous
des balles françaises justement vengeresses!
En même temps vont s'élancer sur la barricade impie, et les enfants, et les vieillards,
et le saint archevêque lui-même, digne successeur de tant d'apôtres, et les uns et les
autres ils vont tomber, massacrés au

pied de ces citadelles domestiques! Qu'as-tu fait, ô Paris! de ta fortune et de ta gloire? Qu'as-tu fait de ton intelligence et de tes libertés municipales? Je ne vois plus que le désordre, le hasard, le paradoxe, la peste, la misère, l'atelier national... le Paris du mois de juin digne du Paris de février. Alors, et pour comble de malheur, l'envie qui est la mère de toutes les révoltes, et l'orgueil qui en est le père, lâcheront à travers les peuples épouvantés toutes sortes d'enfants monstrueux engendrés dans leurs accouplements horribles! O misères dont l'histoire parlera tant que l'immortalité restera attachée au nom du peuple français! et ce nom-là, si les oracles de tous les capitoles ne sont pas menteurs, restera immortel, à moins que ses ennemis n'en viennent à bout à force de paradoxes, d'athéismes et de fureurs. »

Ainsi eût parlé mon père, et moi à mon tour, recueilli dans un effort suprême :

Oui, la voix prophétique a raison; oui, plus les vents seront propices au départ, et plus, terrible sera l'écueil! Qui donc te pousse et te fait partir? Rentre, il en est temps encore, dans la maison paternelle. Encore un instant, et le calme soleil de décembre réjouira nos montagnes engourdies par le froid de la nuit; le fleuve grondeur, dégagé de son manteau de nuages, va resplendir et chanter sa chanson matinale; voilà mon père et ma mère qui me retiennent dans leurs bras tremblants d'émotion; pourquoi tarder? rentrons! restons au village bien-aimé! Les amis de mon enfance qui me croyaient perdu seront si contents de me revoir; si calme est le rivage, si paisible la petite ville, si heureuse sera ma sœur de se promener, avec son frère retrouvé, dans les allées de notre petit enclos... Et pourtant, ô mon bon père! ô ma tendre mère! mes maîtres, mes protecteurs, mes rois légitimes, mes amours

ici-bas, qui serez mes patrons dans le ciel,
adieu! adieu! adieu! La voix a beau dire,
je pars; je vais dans ce Paris qui est un
Vésuve; je me sens entraîné dans ces
abîmes par une force invincible. Vingt ans
de liberté, de bonheur et de jeunesse pour
vingt ans de misère, l'affaire est bonne!
Adieu! adieu!... un dernier baiser sur vos
joues humides de larmes! De vos mains vénérables et jointes une dernière bénédiction sur la tête de votre enfant!

Ainsi, même averti qu'après tant de jours
propices nous tomberions dans des temps
si difficiles; qu'après ce grand sacrifice que
faisait mon cœur, après tant de travaux et
tant d'études j'arriverais..... à quoi, je vous
prie? je serais parti, j'aurais tout quitté
pour affronter ces périls. Donc puisque nous
étions consentants de notre sort, et maintenant que le déluge nous entoure de ses
eaux grandissantes, de quel droit irions-nous
nous lamenter comme des enfants qui ont

perdu leur *bonne* dans les Champs-Elysées ?
Voyons ! soyons calmes ! résignons-nous !
— « Tu me demandes, mon cher Atticus,
ce que je fais en ce moment difficile ? je
suis content, je vis, *à moitié libre*, dans
ma maison de *Tusculum*. »

Ainsi parlait l'orateur romain, peu de
jours avant les lâchetés et les crimes du
triumvirat, et puisqu'il se contentait, lui un
si grand homme, d'être *à moitié libre*, il
me semble que celui-là aurait mauvaise
grâce qui, de nos jours, en demanderait davantage. *A moitié libre !* ô le beau rêve !
c'est-à-dire conserver assez de sang-froid
et de prudence pour s'isoler des hontes et
des menaces du temps présent, afin de mieux
contempler, nuit et jour, les merveilles, les
miracles, les luttes généreuses, les honnêtes
espérances de la société d'autrefois ; *à moitié libre !* ce qui veut dire se retrancher
derrière ces fossés et ces remparts inexpugnables : l'oubli, le silence, la majesté,

le parlement, l'Église... toutes les forces de la croyance, de la loi, de la royauté ! *à moitié libre*, c'est-à-dire revenir, même après février, sur les traces glorieuses de nos ancêtres que nos révolutions ont si souvent et si cruellement réveillés au fond de leur tombeaux. Eh ! quelle serait leur épouvante, et mêlée à quels mépris, s'ils pouvaient savoir que toute l'ambition humaine consiste, de nos jours, dans la possession précaire de quelques sillons volés aux sillons voisins par la charrue indigente ! Comme ils s'étonneraient de cette misère qu'on appelle : *le partage*, ces naïfs ambitieux des biens éternels, aussi avides de se trouver avec Dieu face à face, que nous le sommes, nous autres, de rencontrer la négation et le néant !

Ceci dit, je m'arrête enfin, et quand il n'est plus temps, car me voilà tout à fait semblable à l'orateur maladroit qui s'est trompé d'exorde.

Cependant voici mon livre! Le voici cet enfant des guerres civiles, ce fidèle compagnon des mauvaises journées, le confident des muets désespoirs. Nous avons vécu, deux ans, de la même vie et des mêmes angoisses; nous avons partagé les mêmes heures calmes et recueillies; nous nous sommes entourés de tous les grands souvenirs; nous avons salué avec respect tous nos maîtres; nous nous sommes enivrés des parfums et des lumières de la belle langue du grand siècle. « Qu'il est doux, s'écrie le poëte grec, d'écouter, bien à couvert, sous un bon toit, le bruit de la pluie et des vents en courroux! » Et nous, nous disons : qu'il est doux, quand tout s'abaisse, de se prosterner devant tout un siècle de majesté et de grandeur!

Heureux sans doute, l'homme assis sur un sommet tranquille, pendant que la tourmente agite la pleine mer; mais plus heureux, ou du moins plus digne de sympathie et de respect, l'humble passager qui reste calme dans le navire battu des vents et privé de son pilote. Pour nous autres, faibles mortels, le grand courage ce n'est pas de contempler la tempête du haut de la roche escarpée, c'est de l'affronter comme font les simples matelots. Ainsi ai-je fait; dans les calmes sommets de ma mansarde poétique, j'ai écrit ces pages, comme Tityre joue de la flûte sous son hêtre. Il chante, uniquement pour le bonheur de chanter et d'oublier les misères qui l'entourent. Il sait très bien que nul ne l'écoute, que la guerre civile a envahi les domaines d'alentour; demain peut-être il sera envahi lui-même, et il faudra céder la place au soldat enrichi de César. Eh bien! notre berger se console sous l'arbre qu'il a planté. Voici d'abord une journée de gagnée, voici des vers nouveaux scandés avec amour. Il tend une main amie à Mélibée qui passe, emportant dans ses bras son dernier chevreau ramassé sur la terre nue et brûlante. « Viens, Mélibée, sous mon toit rustique ; déjà les grandes ombres de la campagne romaine descendent des montagnes silencieuses. » Ainsi parle Tityre, et il prépare le repas du soir.

Berger, aussi sage et plus courageux, à l'ombre de sa vigne, que le stoïcien assis sur les hauteurs voisines des astres qui, d'un visage impassible, sent gronder la foudre à ses pieds.

Spa, juillet 1849.

LA RELIGIEUSE

DE TOULOUSE

I

Au midi de la France, sur cette terre choisie où vous ne pouvez faire un pas sans rencontrer une histoire, à Toulouse même, la ville orthodoxe, pêle-mêle ardent de théologie et de droit civil, parmi ces chansons et ces disputes, ces violences et ces amours; quand vivait S. M. très amoureuse et très chrétienne le roi Louis XIV, petit-fils de Henri IV et fils aîné de l'Église; au plus beau moment du règne et du siècle, brillait par les grâces de son esprit et par les beautés de sa personne, mademoiselle Jeanne de Julliard, le dernier rejeton d'une famille de magistrats déjà ancienne dans la noble et poétique province de Languedoc. Cette belle fille, faite comme une nymphe et fière comme une reine, était, à dix-sept ans qu'elle pouvait avoir tout au plus, un juste sujet d'admiration pour cette ville du soleil levant si voisine de l'Italie; et c'était, dans une louange unanime, à qui rendrait toute justice à ces vues justes et sages, à cette conduite prudente, à ce fond si riche que rehaussait encore un air libre et naturel. Si bien que la belle Jeanne était, à dix-sept ans, dans le plus austère et le meilleur monde, la personne qui se faisait le plus respecter et qui se respectait le plus.

Ainsi acceptée, ainsi posée, il était facile à mademoiselle de Julliard de vivre en reine de Toulouse, et véritablement elle régnait par la grâce de cet esprit qui était le charme des esprits les mieux faits, de cette beauté qui était l'enchantement des yeux les plus difficiles. Peu à peu et quand les envieux voulurent se rendre compte de cette majesté ingénue, ils trouvèrent que cela tenait à un mélange extraordinaire de goût et de raillerie, d'éloquence et d'atticisme, d'un mérite paisible et solide au milieu des éclairs les plus éblouissants et les plus inattendus. Mais aussi que d'estime et d'obéissance, et comme l'envie elle-même eût bien vite accepté cette irrésistible domination!

En ce temps-là, Dieu merci! l'esprit, le lignage, le renom, la beauté d'une fille étaient comptés, les questions plus positives ne venaient qu'après, et bien souvent on n'en disait mot. Personne, dans toute cette province modèle, n'eût osé demander, même tout bas, quelle était la fortune de mademoiselle de Julliard. On eût mis le questionneur à l'index! Chacun savait, on revanche, que c'était un parti digne d'un prince, car cette beauté s'apportait en dot elle-même, et si grand était le prix attaché à la main de cette merveille que les plus hardis s'étaient tenus à distance. Il n'était baron, ni comte, ni chevalier, ni président à mortier qui eût encore osé aspirer, sinon de loin, à cette alliance faite pour les plus hautes fortunes ; eux-mêmes, les nouveaux enrichis, gens qui ne doutent de rien d'habitude, avaient à peine murmuré quelques humbles prières à cette divinité sur ses autels. De leur côté: « Tu n'es pas une mortelle, tu es un marbre! » disaient les poètes les plus hardis, et, du même pas, ils s'en allaient bravement chanter leurs concetti amoureux sous le balcon voisin de quelque dame moins farouche, qui prenait pour elle ces timides concerts.

A la fin cependant, deux jeunes gens de la ville, plus hardis que leurs camarades, ou plus dignes d'une si belle proie, se déclarèrent tout haut les poursuivants et les amoureux de mademoiselle de Julliard. Aussitôt ils l'entourent de leurs poursuites; ils la suivent en tout lieu, à la promenade, à l'académie, dans les jardins, dans les églises; ils chantent partout les louanges de *leur souveraine,* en mille sonnets tout empreints des exagérations et des flammes les plus charmantes de l'amour. Les deux galants dont cette belle acceptait les hommages, comme un tribut légitime, étaient véritablement deux cavaliers bien nés, qui en doute? jeunes, bien faits, et beaux tous les deux. Seulement, celui-ci était trop peu riche pour prétendre sérieusement à la main d'une fille qui était pauvre; celui-là était trop riche et surtout trop habitué aux grandes façons de la cour pour se marier sans conteste, et uniquement pour l'amour de deux beaux yeux. Le premier était d'épée; il était chef de sa maison et s'appelait M. le marquis de Saint-Gilles; le second était le fils d'un conseiller au parlement, le fils cadet encore ; on l'appelait le *jeune* M. de Ciron. Enfants de la même ville, ils avaient commencé par s'aimer, comme on fait à leur âge, puis ils s'étaient perdus de vue, M. de Ciron restant à Toulouse, pendant que M. de Saint-Gilles était élevé à Paris même, avec le jeune roi, sous les yeux de la reine-mère et du cardinal de Mazarin, si bien qu'ils avaient fini par se reconnaître à peine, et que leur rivalité les trouva parfaitement étrangers, celui-ci à celui-là.

Avec toute autre femme, il est certain que M. de Saint-Gilles aurait eu de grands avantages sur M. de Ciron, son rival ; il ne faisait que de rares apparitions à Toulouse, mais chaque voyage du marquis était un événement. Il arrivait, tout brillant de sa fortune naissante, tout empanaché et tout superbe de sa qualité *d'enfant d'honneur du roi*, et, pareil à l'un des satellites de Jupiter, il remplissait la ville entière de son bruit et de sa grandeur. A la magnificence extérieure du Gascon, il unissait la prudence du Normand ; il était vantard et timide, ambitieux et souple. Absolument fallait-il dégaîner ? il tirait son épée au grand soleil, entre le ciel et la terre, afin que personne ne pût douter de sa bravoure ; au demeurant un mauvais homme sous les dehors les plus séduisants. Ajoutez le nom, l'éclat, le rang, le titre, l'emploi. A vingt-huit ans qu'il pouvait avoir, il était capitaine de dragons, garde de la manche du roi, et en passe d'aller très loin, par ce vrai sentier de la fortune qu'on appelle la jeunesse du prince... un chemin qui mène à tout.

Mais, très heureusement pour elle, mademoiselle de Julliard n'était pas femme à se trop éblouir du plumet du cavalier et de l'écharpe du gentilhomme. A défaut d'habileté, elle avait la prudence ; son merveilleux instinct de toutes choses lui ser-

vait de sagesse et même un peu au delà.
Elle était née avec tous les germes du meilleur esprit et du plus sérieux, et son instinct
la poussait à la domination. Être aimée et
courtisée, à la bonne heure! Être obéie absolument, et servie avec l'abnégation profonde d'un véritable amour, voilà qui va
mieux. Elle était encore une enfant qu'elle
avait souvent à la bouche cette parole de
Jules César : « Le premier dans une bourgade plutôt que le second dans Rome! »
Aussi bien à peine eut-elle étudié M. de
Saint-Gilles, comme on flaire un brin de
muguet, elle devina le serpent; sous l'amoureux elle reconnut l'ambitieux, sous
l'obéissance le tyran! Et pourtant, voyez
l'orgueil: elle faisait bon visage au jeune
marquis. De ses assiduités elle se forgeait
un ornement, de ses adulations une parure,
et... la coquette! sans une grande envie de le
mener bien loin, elle le laissait attaché par
l'espérance au char triomphal de sa beauté.

L'autre amoureux, M. de Ciron, ne ressemblait en rien à son brillant adversaire ; il était la modestie et la simplicité mêmes ? nature dévouée et délicate, esprit timide, cœur généreux, amour immense et silencieux, qui commençait à l'abnégation. C'était, au demeurant, un grand jeune homme, bien fait de sa personne et d'un visage agréable, mais il manquait de hardiesse, d'élégance et de toutes les grâces dont M. de Saint-Gilles abusait ; même il perdait beaucoup de sa beauté virile à porter cet habit sombre et ce linge austère ; que dis-je ? le talon rouge, fait tout exprès pour *tâter* le pavé de la cour, eût fait trébucher cet humble amoureux, qui vivait dans le trouble et dans les angoisses, sous le regard impérieux de cette maîtresse altière et adorée. Elle l'aimait cependant, ou du moins éprouvait-elle un vif plaisir à tourmenter cette âme en peine, à la faire passer coup sur coup de la joie à la tristesse, de l'espérance au désespoir, la cruelle poussant à outrance sa volonté et son empire sur ce fidèle berger, qui ne demandait que des fers. Sur l'entrefaite (car ces amours à trois personnages n'allèrent pas plus loin que les plus strictes convenances) un grand mariage se présenta pour mademoiselle de Julliard : un gentilhomme d'un âge mûr, mais se confiant dans sa naissance et dans ses grands biens, s'en vint lui-même demander la main de cette belle personne, assez heureuse pour avoir conservé la réputation d'une fille que l'amour n'avait pu toucher. Ce prétendu était un homme d'une physionomie austère, d'une taille fort noble, brun, bien fait, un peu gros sans être lourd ; il parlait d'un ton aisé, ni trop humble, ni trop fier, en galant homme qui veut plaire, qui sait son monde et qui n'est pas en veine de disputer, tant s'en faut, sur le douaire, les conventions, les nourritures. Il s'appelait M. le comte de Mondonville, seigneur de Mondonville et autres lieux. Il avait été personnellement connu du roi Louis XIII, et l'un des familiers de Son Eminence le cardinal de Richelieu, qui l'avait distingué sous les murs de La Rochelle. Enfin il était lieutenant général, chevalier de l'ordre, riche par lui-même, par ses pensions, par ses alliances. Sa demande faite avec l'assurance d'un futur mari qui sait très bien que la fortune et l'ambition donnent à l'amour au moins une grâce de plus, il ajouta, en s'adressant plus particulièrement à M. de Julliard, qu'il osait attendre sinon une réponse favorable, du moins une réponse franche et prompte. « Et quant à vous, mademoiselle (parlant à Jeanne), il suffit de vous avoir vue une seule fois pour que monsieur votre père comprenne l'ardeur d'un cœur qui aspire à vous appartenir et qui rêve à ce bonheur si rare : se marier à ce que l'on aime. » Puis, comme on l'écoutait sans colère, il glissa quelques mots des divers prétendants à la main de celle qu'il aimait.

Il ne se gêna pas pour qualifier sévèrement, à propos de M. de Saint-Gilles, ces caractères équivoques, mêlés de vices et de politesse, enveloppés d'énigmes et de mensonges ; ces riches dehors sur un fond stérile, ces caractères durs et féroces dont rien de bon ne pouvait sortir ; il rendit, en même temps, toute justice à M. de Ciron, qu'il trouvait bienveillant, généreux, modeste, et possédant toutes les vertus, mais nulle fortune, pas d'avenir, rien qui fasse pressentir dans une telle union l'abondance, les aises de la vie et le calme d'une grande prospérité. Ainsi il parla, avec tant de tact et de profonde connaissance du cœur humain, il s'exprima avec un choix de paroles si justes, si précis et si fort, que soudain (ô l'étrange caverne, le cœur d'une femme !) notre fille à marier se mit à rêver profondément aux propositions de cet homme qu'elle n'avait jamais vu, qui aurait pu être son père, et qui lui parlait déjà avec l'autorité d'un époux.

Cependant elle était loin du *oui* sacramentel ; elle hésitait, elle se troublait à la seule idée de sa jeunesse jetée à ces orties, de ses amours à peine commencées et sitôt brisées, et sans retour. Elle voyait d'un côté le mariage, la faveur, les amis nombreux, la haute réputation, les grands biens, l'autorité, son grand rêve ; mais, d'autre part, M. de Ciron ! de si chères pensées, de si tendres engagements ! un jeune homme qui avait trouvé la route de son esprit et de son cœur !

Elle en était là de ces réflexions profondes lorsqu'elle vit entrer dans cette chambre, où ils venaient pour la dernière fois, M. de Saint-Gilles, la tête haute, M. de Ciron, plus humble que jamais. Mademoiselle de Julliard les reçut comme à son ordinaire, le jeune capitaine d'un salut quelque peu cérémonieux, tirant sur le dédain et l'ennui, le docteur en droit avec bienveillance et courtoisie ; mais à cette bienveillance manquait ce regard clair et vif qui vous dit : « Soyez le bienvenu ! » Il y eut entre ces trois personnes, habituées à tourner dans le même cercle d'attaques et de défenses, une de ces interrogations effrayantes qui sont proportionnées à la question que l'on va s'adresser. A la fin, et comme s'il eût été poussé par l'irrésistible énergie de la passion, M. de Saint-Gilles, prenant la parole, voulut forcer la daine en ses derniers retranchements, et, pour la première fois, il lui offrit franchement et sans détour sa fortune et sa main ! M. de Ciron, plus calme en apparence, contenait sa fièvre et son cœur. Lui aussi, cet infortuné qui avait poussé si loin, non pas la crainte de déplaire, mais de plaire moins, il semblait *exiger*, exiger est trop fort, mais implorer une réponse définitive. Figurez-vous la grande scène des luttes dernières entre Célimène et ses amants, la scène éternelle de l'amour aux prises avec la volonté de la partie adverse, et, pour le dire en passant, très difficile à jouer dans le monde réel; car, en fin de compte, la dame, à cette question : « Qui donc aimez-vous ? » restera toujours la maîtresse de répondre : « Je n'en sais rien ! » ou : « Vous êtes bien curieux ! »

Que ce fût sa vertu ou son étoile, mademoiselle de Julliard avait en elle-même cette sorte de probité sauvage qui ne connaît guère les ménagements; mais la joie de désobliger ce beau fils, ce Monsieur qui l'avait marchandée, et ce grand triomphe de lui prouver qu'elle ne ployait pas sous le faix de ses offres splendides, lui firent oublier que sa réponse ne frapperait pas seulement l'égoïste, mais aussi le dévoué, et que le coup d'épingle donné à M. de Saint-Gilles serait un coup de poignard dans le cœur de M. de Ciron.

« Monsieur le marquis, fit-elle d'un geste souverain et absolu, vous vous expliquez enfin d'une façon nette et précise; vous mettez à mes pieds votre nom et votre fortune; je reconnais, comme il convient, ce dévouement inespéré, mais il vient trop tard; ma main n'est plus à moi; je l'ai donnée tout à l'heure, monsieur le capitaine, à un lieutenant général des armées du roi, qui m'a vue et qui m'a demandée à mon père sans tant marchander. Vous voulez une réponse nette et précise, la voilà, monsieur; et maintenant j'espère que vous porterez ailleurs cette prudence, ce calcul et ce brûlant amour que vous n'avez pas su mettre d'accord. »

Ainsi fut congédié le petit maître, avec un de ces mépris calmes qui ne veulent pas de réplique. Ce jour-là, mademoiselle de Julliard put se vanter qu'elle avait soulevé contre sa vie entière une de ces haines longues et opiniâtres de l'orgueil blessé, d'autant plus redoutables qu'elles s'élèvent dans une âme arrogante, fourbe et sans pitié.

Chose étrange pourtant! A cette surprise, qu'il eût payée, la veille, d'une année de sa vie, et qui le délivrait d'un double fardeau, du mariage et d'un rival, à ce refus de sa personne, qui lui était signifié avec tant d'amertume impitoyable, M. de Saint-Gilles fut atterré; son audace tomba, et peu s'en fallut qu'il ne se jetât aux pieds de *l'inhumaine,* pour la prier et la supplier de revenir sur ce projet, qui le mettait au désespoir; soit qu'il comprît confusément à quelles violences, à quelles perfidies, à quelle suite infinie de lâchetés il allait se condamner lui-même par vengeance, soit qu'il reculât épouvanté de tout le mal qu'il devait faire, ou bien qu'en effet, en ce moment, un peu de vraie tendresse se fît jour dans l'âme de ce malheureux. Mais quoi! il n'était plus temps, et il partit sans avoir obtenu même un regard.

Quant à M. de Ciron, il avait compris du premier mot que ses espérances étaient perdues. Sans pousser le moindre soupir, sans jeter une larme, il prit congé de celle qu'il avait tant aimée ! Elle cependant, elle lui tendit la main droite, l'autre main tremblante restant à couvrir son visage ! Ah ! si le timide amoureux avait osé ! Il quitta la place, et, du même pas, il fut se confiner au séminaire de Toulouse, où dès son enfance on le connaissait pour un esprit très distingué, très studieux ; il avait fait ses premières armes sous ces maîtres vénérés, et maintenant qu'il revenait dans ce savant et chaste asile de sa première jeunesse, toutes les portes s'ouvrirent devant lui.

La douleur de ce galant homme fut digne du grand amour qui lui dévorait le cœur. Pas un murmure, pas une plainte, pas un reproche ; tant d'autres auraient annoncé à toute la terre, par leurs cris, par leurs hurlements et par leurs larmes, la fin subite de ces félicités qui devaient être éternelles !

Il se replia sur lui-même avec le courage et la résignation des grandes âmes vaincues, et ce ne fut que plus tard, par la piété, par le renoncement, par l'admiration qui lui était prodiguée à son insu, par son dévouement fraternel et chrétien aux pauvres gens, aux malades, aux pestiférés, car la peste a ravagé bien souvent ces villes du Midi, que le monde oublieux se mit à se souvenir de ce jeune homme, dont il avait tant aimé les grâces, la belle humeur, l'atticisme, le talent. Cette résignation est, du reste, un des caractères du dix-septième siècle; elle tenait aux mœurs, elle tenait aux croyances. Ce que l'on raconte, de nos jours, de ce malaise sans nom qui engendre des passions sans courage, inquiétudes de l'esprit, inconséquences du cœur, inégalité d'humeur, incertitude de conduite, autant de choses impossibles dans un siècle qui était la règle et la correction même. Une passion trompée conduisait le plus souvent à la règle, au devoir, au joug. On était trahi par sa maîtresse, on se sauvait dans le giron de l'Église ; pour avoir aimé un instant, on aimait jusqu'à la mort, jusqu'à la mort de la croix ; chaque homme, vivant dans ce monde des passions illustres et de l'autorité absolue, était à soi-même un véritable abbé de la Trappe, et, quand tombait l'édifice fragile de son espoir, il élevait à ses illusions perdues ici-bas une petite Thébaïde dans son cœur.

II

Cependant mademoiselle de Julliard, devenue madame la comtesse de Mondonville, eut bientôt conquis, dans cette grande ville de Toulouse, la position que donne toujours cette réunion très rare du nom, de la qualité, du rang, de la fortune, de l'honneur poussé même à l'excès. Aussitôt mariée, toute sa coquetterie fit place à la vie austère d'une dame *sérieuse,* comme on disait chez la reine-mère, au Val-de-Grâce. A la faveur de cette piété fervente, qui ne passait rien à elle-même et rien à personne, à l'abri fortifié de cet esprit net et vaillant qui vengeait sur les autres des tortures cachées, madame de Mondonville était devenue l'arbitre imposant de cette ville austère, et, si jeune, dans l'âge des belles grâces élégantes, aux premiers murmures qui remplissaient les provinces scandalisées, mais indulgentes, des premières amours du jeune roi, elle sut montrer une de ces âmes nées pour régir les autres âmes. Sa figure et son esprit avaient gagné d'abord tout le monde. Bientôt elle fit sentir à tous cette grandeur qui vient de l'autorité, cet esprit qui visait au solide et à l'essentiel, cette volonté ferme avec laquelle il fallait compter. Ainsi, par la force même de son génie absolu, elle devint la surveillante inflexible de toutes les femmes de la ville; la bonne ou la mauvaise renommée dépendait de son témoignage; les plus fières tremblaient devant elle; un de ses sourires était une faveur marquée; on ne l'approchait que difficilement, sinon les plus honnêtes gens et les plus distingués qui, la voyant de près, restaient confondus et comme épouvantés de cette jeunesse unie à tant de grâce austère, à tant d'inflexible vertu.

Dans le succès et dans le triomphe universel de cette femme qu'il avait traitée comme une petite fille d'un médiocre état, M. de Saint-Gilles le dédaigné, M de Saint-Gilles le refusé, se trouva si misérable et si oublié, que sa colère en augmenta plus encore que son amour. Il s'était promis, du mariage de la belle Jeanne, toutes les aventures que se promet un jeune homme oisif, maître absolu de ses passions, avec tous les moyens, bons ou mauvais, de les satisfaire. Il s'était dit que le mari était déjà vieux, que l'amant aimé était mort au monde, entre la chasteté et la science, que la dame était jeune et naturellement poussée aux tempêtes de la méridionale jeunesse, et par ses bons offices, par ses obstinations empressées, par le crédit où il était à la cour. Il espérait, le hasard aidant, arriver à fléchir cet immense orgueil. Notre brillant cavalier s'était trompé dans tous ses calculs; où il cherchait une vertu facile à vaincre, facile à quitter, il rencontra une honnête femme, défendue par les remparts de la bonne renommée, de la piété, de la ferveur, du bon sens; — après les premières langueurs, il fut forcé de reconnaître, au fond de son âme irritée et honteuse, que ses projets étaient des châteaux en l'air, et qu'à tout jamais cette femme était perdue pour lui. Il se l'avouait, et cependant il ne renonçait pas à cet espoir chimérique; au contraire, il redoublait d'espionnage, de persécution, de soupirs. Comme bientôt les meilleures maisons lui furent fermées, au moins voulut-il qu'il fût parlé de lui et de ses folies. Ainsi il appela à son aide les audaces et les débauches que raconte Bussy quand il esquisse le portrait des agréables et des petits maîtres de l'Œil-de-Bœuf; le faste, la dépense, les fêtes, un excès de dignité, de somptuosité, de magnificence, de splendeur, rien ne lui coûtait, pourvu que la belle des belles fût importunée de son nom. Dans sa fureur de se faire remarquer, à force d'excès et de folies de tout genre, il était toujours dans les extrêmes : aujourd'hui gai compagnon qui troublait le quartier noble par ses scandales, le lendemain étonnant les plus charitables de ses charités et de ses aumônes... un véritable *escamberlat*, d'un mot toulousain qui sert à désigner ces gens qui ont le pied droit dans le temple, le pied gauche dans le camp du roi; ou bien encore grand joueur, grand hâbleur, jouant du luth et de la guitare, le roi des cabarets et des plus chétives compagnies, réduit à ce degré bizarre de se trouver au-dessous même du bruit qu'il voulait faire, et avec cela le langage des femmes, la grâce, l'enjouement, la tendresse, à ce point que peu de femmes lui eussent résisté, à Toulouse même, si elles n'avaient pas eu tant de peur de l'ascendant et du jugement dernier de la terrible veuve et de ses alentours.

Un accident horrible, autant qu'imprévu, vint changer tout à coup la fortune de madame de Mondonville et donner tout au moins une espérance à cette persécution de M. de Saint-Gilles si honteusement et si inutilement suivie jusqu'à ce jour. Un soir de printemps, comme M. de Mondonville revenait de visiter un domaine qu'il possédait dans le Lauraguais, non loin des ruines de la tour de Saint-Orens, renversée par les Albigeois au treizième siècle, et dans ce riche espace tout rempli de châteaux, de chapelles, de souvenirs, il fut trouvé, à deux milles de la ville, entre la porte de Montoulieu et la porte de Montgaillard, frappé d'un coup d'épée en pleine poitrine. Lui-même il avait tiré son épée du fourreau, et ses mains crispées annonçaient une défense énergique. Était-ce un meurtre? était-ce un duel? Dans tous les cas, c'était un crime, et un crime capital, meurtre ou duel. Quant au meurtrier, pas le plus léger indice! Une pluie fine et douce, la rosée du mois d'avril, avait effacé les traces de ce cruel événement; rien qui pût guider une enquête; seulement, quand les gens de l'art se furent emparés du cadavre, ils trouvèrent sur une côte, au côté droit, un fragment de la pointe même de l'arme meurtrière. Ce fragment fut recueilli avec soin par l'instruction et conservé au greffe criminel du parlement.

M. de Mondonville fut assez peu regretté des uns et pleuré des autres. Il était, comme nous l'avons dit, tout d'une pièce, roide au toucher, aimé de peu de gens; en revanche, ses amis, peu nombreux, l'entouraient d'une espèce de culte, tant il rachetait les disgrâces de sa voix et de sa parole par une

dignité naturelle et par une générosité à
toute épreuve que l'on n'attendait guère de
ces rudes dehors. Sa femme, à qui il avait
donné un grand état, à qui il laissait en
mourant une magnifique fortune, un beau
titre et un nom justement honoré, ne l'aimait guère, en dépit de tant de bienfaits et
malgré toutes ses tendresses. En revanche,
elle l'estimait et elle le craignait beaucoup;
le fait est qu'ils s'étaient trompés tous les
deux, et que, malgré tant d'apparences heureuses, cette union avait été au moins stérile. Quand il se mariait à une fille si jeune,
M. de Mondonville pensait obtenir sur sa
femme l'autorité d'un père sur sa fille....,
et c'est à peine s'il avait obtenu la déférence
de l'épouse au mari. De son côté, mademoiselle de Julliard, quand elle donnait sa main
à ce vieillard qui semblait l'implorer, s'était dit à elle-même qu'elle acceptait un esclave. Or, dès le premier jour, l'esclave
s'était révolté, et la main du maître s'était

fait sentir, sans se montrer. On eût dit que
M. de Mondonville prévoyait l'abîme dans lequel la passion du commandement allait précipiter sa jeune femme, et qu'il se faisait un
cas de conscience de dominer et d'anéantir
cette inflexible et implacable volonté. Pendant six ans que dura cette union cruellement assortie, il s'était étudié à briser cet
immense orgueil par toutes les résistances
possibles; il avait lutté sans relâche, nuit
et jour, à toute heure, contre ce besoin de
domination, appelant à l'aide de cette tentative désespérée tout ce qu'il avait ramassé d'énergie et de force dans l'exercice
du pouvoir militaire, dans cette domination
féroce des âmes et des corps. Il n'avait
même pas ménagé, comme il l'aurait dû,
s'il eût été sage, le juste orgueil de cette
beauté superbe, l'irritation de cet esprit violent, et, disait-on, plus d'une fois il avait
insulté sa femme jusqu'à la battre. Mais le
moyen de plier cette nature inflexible! Rien

n'y fit. Madame de Mondonville, ainsi attaquée, se défendait par des armes trempées au Styx des femmes. Froide, dédaigneuse, silencieuse, méprisante, elle accablait ce brutal de toutes les supériorités d'une nature jeune, ardente, nerveuse et choisie; sans compter que, dans ce duel à armes peu courtoises, elle avait, de son côté, l'opinion publique, l'admiration des jeunes gens, le respect unanime, la bienveillance des vieillards, à ce point que M. de Mondonville, malgré tant de belles et bonnes qualités, qui en faisaient un si bon et si franc gentilhomme, était devenu la *bête noire* de tous ceux qui approchaient de la jeune comtesse; on le désignait tout bas comme un bourreau; il n'avait conservé d'intact que sa réputation de courage, de bienfaisance et de probité.

Quand on le ramassa sur cette poussière rouge de son sang, il vivait encore; ses yeux, à demi-fermés, avaient conservé

quelques restes de colère, et l'on eut peine
à détacher son épée de ces doigts énergiques crispés par la mort. Il fut rapporté
dans sa maison sur une échelle de jardinier, en guise de brancard. Sa femme l'attendait pour souper; elle entendit les pas
de ces hommes qui pliaient sous le fardeau
sanglant, et elle vint, un flambeau à la
main, pour recevoir ce corps si plein de
force et d'énergie ce matin même; d'une
main ferme, elle ouvrit au cadavre la porte
de cette chambre nuptiale où s'étaient passées tant de nuits sans sommeil, tant de
nuits de disputes à voix basse et irritée.
On fit venir tous les chirurgiens, tous les
médecins de la ville; rien n'y fit, M. de
Mondonville était perdu.

Dans la foule des oisifs accourus pour
savoir des nouvelles de ce meurtre et pour
avoir la joie de s'en affliger un peu, en en
parlant beaucoup, madame de Mondonville
fut la première qui songea à envoyer cher-

cher un confesseur pour assister son mari, dont la pensée était encore active, le courage encore vivant, sous les pâles atteintes du trépas. Malheureusement on alla au plus près, au couvent des Chartreux, et l'abbé de Ciron, un nouvel abbé qui consacrait une partie de ses nuits à l'étude et à la prière, fut envoyé en toute hâte, au secours de ce chrétien qui se mourait. La mort, en ce temps-là, était une immense affaire; le dernier souci d'un galant homme, c'était de mourir dans le sein de l'Église; un homme d'honneur en faisait non-seulement un devoir de chrétien, mais un devoir de gentilhomme. Nous sommes de plus grands philosophes, nous autres : dans la mort, nous n'avons peur que de la mort, tant on est habitué à passer de ce monde dans l'autre monde, sans autre cérémonie que quelque parure extérieure dont on sourit, si par hasard on revient en santé; mais, en plein catholicisme français, pas une affaire ne pouvait être plus importante ici-bas et là-haut; les théologiens, les jurisconsultes, les canonistes, le roi, la reine, les princes, le peuple, la cour et la ville ne sont occupés qu'à savoir comment a été reçu le saint viatique, si le malade était en état de grâce, si l'Église, si le royaume tout entier peuvent se réjouir ou s'affliger sur cette tombe honorée ou sans honneur. On en parle longtemps après, et l'on discute le plus ou le moins de contrition, d'attrition, de grâce efficace ou suffisante : curés, confesseurs, directeurs, suppôts de l'université, jésuites, jansénistes, bénéficiers, religieux, hommes, femmes, filles, et même les enfants, sont appelés à juger de la vie du mort, par sa mort même. Était-il soumis ou non soumis? a-t-il signé la bulle? a-t-il accompli les pénitences canoniques et contenté nos seigneurs les prélats? Or, par les agitations autour du cercueil à peine fermé, vous pouvez juger si l'on s'inquiétait activement autour du lit mortuaire, quand, pour bien faire, il était nécessaire que le moribond rappelât toutes ces nuances si diverses de la doctrine. Tant de disputes! tant de théologies! tant de commentaires! une si longue suite d'exhortations, de questions, de pénitences! Tout mourant qu'on soit, il faut même savoir les ordres du roi, les arrêts du parlement, les décisions des tribunaux ecclésiastiques, des tribunaux civils, et, en un mot, toutes les autorités dont se compose l'autorité universelle de l'Eglise : *Ecclesiæ universæ concordissima autoritas.*

M. l'abbé de Ciron, au fond de sa retraite, et quand les douleurs morales se furent calmées dans le zèle, amorties dans la pénitence, était devenu un savant théologien; il avait étudié, avec l'ardeur qu'il portait en toutes choses, cette magnifique science de la loi religieuse à laquelle nous devons Pascal, le cardinal de Richelieu et Bossuet, c'est-à-dire le raisonnement, l'autorité et l'éloquence, dans ce qu'elles ont produit de plus magnifique. On l'appela pour un chrétien qui se mourait, il obéit ; il suivit son guide, sans demander le nom de l'homme qui allait mourir. Il avait en lui-même cette charité courageuse qui va droit son chemin, sans s'inquiéter où elle va, parce que Dieu lui-même la conduit. Cependant, quand il entra dans cette chambre où brûlait déjà le cierge funèbre, quand il vit ce malheureux plongé dans cette agonie muette, intelligente encore, quand il reconnut dans ce moribond l'homme qui lui avait enlevé, d'un mot, tout son bonheur, le jeune confesseur oublia soudain les préoccupations du théologien et les subtilités du docteur, pour redevenir tout simplement le prêtre qui pleure et le cœur généreux qui pardonne; il s'agenouilla au pied de ce lit de douleur, où resplendissait, entre le Christ et le buis bénit, le portrait de sa maîtresse, qui semblait lui sourire avec le charme et l'ardeur généreuse des plus belles journées! L'infortuné! Tout le passé qu'il croyait enfoui au fond des abîmes lui apparut dans cet éclat et cette splendeur printanières que l'âge seul efface, et la pierre du tombeau! Il revit d'un coup d'œil cette femme, pour laquelle il avait répandu, en silence, tant de larmes brûlantes du feu des tendresses rêvées! Ce cœur malade encore, et qui se retrouvait soudain transporté au milieu de passions mal éteintes, hésita et fut sur le point d'éclater en sanglots.... Le sentiment du devoir fut le plus fort, et le premier éblouissement étant passé, le jeune prêtre revint à cette âme chrétienne qui allait partir; dans le fantôme qui lui avait arraché son bonheur ici-bas, et peut-être son royaume de là-haut, il ne vit plus que le chrétien qui avait besoin de son aide à franchir le redoutable passage, et, prosterné à cette couche d'agonie, il trouva des prières sublimes. Il fit plus; il eut le courage de prendre la main de la femme qu'il aimait, et, la plaçant dans la main de son mari, comme dans un mariage suprême, il les confondit, l'un et l'autre, dans la même bénédiction. Madame de Mondonville était à genoux, sans voix, sans regard, sans prière, la tête penchée et ses beaux chevaux épars, dont le parfum rappelait au jeune homme les naïfs souvenirs de ses premières amours. Longtemps, et trop longtemps peut-être, se prolongea ce silence, ce danger; le plus calme et le plus résigné de ces trois cœurs, c'était le cœur qui déjà se plaisait dans les grandes ombres de la mort, tant c'est une grande chose, la mort; elle vous met au niveau des plus tendres passions, au-dessus des plus impitoyables douleurs.

L'agonie, à la fin, accorda au moribond cette trêve du dernier souffle, dans laquelle s'exprime souvent la volonté dernière. Un instant M. de Mondonville parut se ranimer; son œil éteint s'illumina d'un feu sombre, sa main se leva comme pour maudire; ses lèvres serrées s'entr'ouvrirent; il allait parler, il allait dire le nom du meurtrier... Le souffle a-t-il manqué à sa poitrine brisée, ou bien le pardon, digne avant-coureur du paradis éternel, la vraie clef qui ouvre les portes du ciel, a-t-il fermé cette bouche expirante?... Il mourut sans un mot, sans un murmure, les yeux fixés sur sa jeune femme, dans un dernier regard plein d'angoisses, de prévoyance et de pitié.

Non-seulement la ville entière s'occupa de cette catastrophe qui brisait, d'un coup si funeste, une si noble vie, mais la province, mais la France! Le parlement de Toulouse, terrible justicier de sa nature, s'inquiéta de ce meurtre comme il se fût inquiété d'une conspiration politique; on fit enquêtes sur enquêtes, on arrêta des gens, on les interrogea avec ce terrible appareil d'une justice sans pitié; vaines poursuites! Rien qui indiquât la trace la plus légère du meurtre et du meurtrier, et enfin, car tout s'efface, on finit par ne plus songer à M. de Mondonville. En revanche, le nom et l'avenir de la belle comtesse préoccupaient tous les esprits et plus que jamais toutes les ambitions. Grâce aux grands biens que lui laissait M. de Mondonville, sa veuve était désormais le plus riche parti de la province; sa beauté paraissait grandie avec sa fortune; elle avait donc tout ce qu'une femme peut désirer en ce monde : l'estime, la considération, l'esprit, beaucoup d'années à vivre mêlées avec beaucoup d'argent, tous les dons heureux et toutes les grâces acquises. Plus que jamais la dame pouvait choisir.

Ce qu'elle allait faire et quel mari elle allait se donner? L'inquiétude était immense; toutes les ambitions se tenaient en éveil; les plus hardis en rêvaient tout bas, tout le monde en parlait.

III

La présente histoire sera peut-être un peu longue; mais qui nous presse? Ce n'est pas le temps qui nous manque, non plus que l'oisiveté des mauvais jours, quand le meilleur esprit et le plus pacifique ne sait que faire et que devenir. En pleine émeute, il n'est pas impossible de trouver un plaisir extrême à un roman d'amour. Au plus fort de la fièvre noire qui s'est abattue sur Florence, Boccace, le conteur, écrit le *Décaméron*, le gazouillement enivrant des belles passions de la jeunesse; pourquoi donc nos guerres civiles n'auraient-elles pas au moins le privilége de la peste? Seulement le *Décaméron* que voici se passera, s'il lui plaît, de mademoiselle Fiametta, de mademoiselle Bambine et des autres amoureuses. Ni tant de fleurs, ni le frais gazon, ni les roses nouvelles, ni les eaux jaillissantes, pendant que ces belles filles empourprées des contes galants qu'elles se font à elles-mêmes oublient le fléau qui frappe sans pitié à la porte fermée de leurs jardins; ces fêtes de la féerie amoureuse ne sont permises qu'aux temps de peste, on les trouverait déplacées au milieu de nos orages; notre récit sera donc plus sérieux, justement parce que nous écrivons au plus fort d'une misère plus sérieuse. Cette fois, tous les enchantements que nous pouvons nous permettre, comme le seul contraste qui soit à notre portée, c'est de revenir en pensée à ce grand siècle ouvert et fermé par un si grand roi, à ces époques salutaires devenues un rêve de l'âge d'or, où quelques hommes, choisis de Dieu, savaient commander aux autres hommes qui ne savaient qu'obéir. Ainsi nous n'aurons pas d'autre baguette et d'autre féerie que le sceptre même du roi Louis XIV, pas d'autres fictions que l'autorité du roi, pas d'autre rêve que l'obéissance des sujets. O les beaux contes du *Cabinet des Fées* de Versailles, et bien supérieurs aux contes, aux fontaines, aux murmures, aux sonnets brûlants, aux frais soleils du *Décaméron!*

Pendant qu'elle était l'unique sujet de la préoccupation universelle, madame de Mondonville, descendue au fond de son âme troublée, se demandait, avec l'anxiété d'une femme placée entre deux abîmes, quel sort lui était réservé? Si brusquement arrivée à ce moment difficile du sentier, quand le sentier se partage pour gravir le roc escarpé, ou pour plonger dans les profondes ténèbres, le bon et le mauvais génie parlaient à l'esprit de cette femme d'une voix également écoutée. En ce moment elle était prête à tout, même à sacrifier cette pureté, cet éclat, cette bonne renommée, cette force qui étaient en elle, à quelques jours de bonheur. M. de Ciron retrouvé éblouissait ce bon sens qui semblait inaltérable; il est vrai que M. de Ciron s'était enfui dans sa cellule où il se tenait à l'abri des tempêtes et des orages; l'austérité de son visage effaçait les traces de la flamme brûlante; l'austérité de son habit dissimulait le cilice à pointes de fer et toutes les cruautés de la plus extrême pénitence; mais, sous cette cendre mal éteinte, la jeune femme avait reconnu bien vite la flamme et le feu d'autrefois; dans cet humble religieux, elle avait reconnu le beau jeune homme qui lui parlait d'une voix si douce, d'un regard si tendre, du fond d'une âme si dévouée. Et lui aussi, il l'avait reconnue, et son premier coup d'œil avait été sa dernière défaite. Soudain sa joue pâlie s'était animée d'une rougeur fugitive, son regard éteint avait brillé d'un éclat surnaturel, et, quand il récitait les prières de l'agonie, sa voix avait tremblé! C'était le même homme, rien n'était mort de l'amant d'autrefois; un mot, un signe, un soupir, et voilà une âme qui se prosterne!

A vrai dire, la fière beauté en fut saisie; elle fut tentée d'obéir, une fois pour toutes, à ce sentiment de liberté sans frein qui la poussait à suivre tous ses caprices; elle se disait qu'il fallait profiter de la beauté qui s'en va et des jours qui échappent; elle voulait fuir avec son amant, afin de se perdre ensemble pour toute l'éternité, sauf à s'en aller tous les deux, à travers le monde, accablés de mépris, d'exécrations, de malédictions, de misère, d'anathèmes. Tel fut son rêve brûlant; mais elle fut sauvée par l'orgueil, qui est la seconde innocence des femmes, qui est leur vie et leur force et la plus grande source de leurs vertus.

Cette lutte intime, et dont personne n'a su le secret, n'avait qu'un résultat possible dans une nation si jalouse de la grandeur de ses mœurs, et la dignité de la femme devait sortir victorieuse de ce combat des passions les plus superbes et les plus charmantes. Cette jeune femme, livrée à elle-même, était défendue et protégée à son insu. Elle était sous la tutelle inflexible de l'ordre, du devoir et du respect qui l'entourait. L'usage, l'exemple, l'autorité, la règle universelle (ne parlons pas de la cour!), tout la défendait contre les séductions de son esprit et les paradoxes de son cœur. Une femme, en ce temps-là, n'acceptait pas volontiers la malédiction unanime et cette longue suite de mépris qui s'attachaient au scandale sans rémission. Même quand le remords faisait silence, et même la conscience étant complice de la passion, d'autres obstacles se rencontraient infranchissables : l'abandon et l'isolement qui suivent la débauche d'une femme honnête et chrétienne ; l'horreur des honnêtes gens ; l'épouvante de l'Eglise ; la censure des magistrats ; le mépris du monde ; l'effroi de tout un peuple qui vous regarde épouvanté, comme s'il voyait passer un lépreux ; une ville entière, la même cité qui vous a portée enfant à ses fonts baptismaux, aux joyeuses volées de ses cloches réjouies, prête à purifier l'eau de ses fontaines et le pavé de ses carrefours, si la femme perdue a touché l'eau ou le pavé ; en un mot les hontes et les terreurs d'un scandale public affiché à la porte de toutes les maisons bourgeoises et à tous les temples chrétiens, voilà l'obstacle !

Elle comprit la vanité et le néant de ses rêves. De sa main furieuse elle arracha lambeaux par lambeaux ces mensonges et ces délires. Elle eut peur du monde d'ici-bas ; elle fut sauvée ; elle était perdue s'il n'eût fallu risquer que la damnation éternelle ! Donc elle se résigna à respecter tout ce que commande le respect humain ; quant à exercer des vertus plus difficiles : l'abnégation, l'humilité, la pénitence, le renoncement, la force lui manquait, aussi bien que la volonté ; et du reste, comme elle se croyait quitte, par tous ces sacrifices, envers Dieu autant qu'envers les hommes, elle n'essaya pas d'aller plus loin.

Il est vrai que, même en faisant si peu pour la perfection, cette pauvre femme faisait beaucoup pour le monde ; elle était dans l'âge et dans la beauté des plus tendres passions. Elle aimait, et le seul homme qu'elle pût aimer se trouvait engagé, par amour pour elle, dans un lien sacré. Elle éprouvait tous les remords de l'amour, sans en avoir les souvenirs. Au moins quand mademoiselle de La Vallière se retirait tremblante aux Carmélites de Chaillot, le jeune roi était accouru, en personne, pour

reprendre sa maîtresse au pied des autels,
et sa maîtresse l'avait suivi sans trop se défendre. Mais ici rien que des larmes, des
regrets, des douleurs muettes et cachées!
Ici une femme jeune et belle qui se voue à
la retraite et à l'austérité, sans rien savoir
des bonheurs de la vie. Ce n'était pas ainsi
que l'entendaient d'ordinaire les belles pénitentes à la mode; la retraite, pour elles,
ne venait qu'après l'amour et la jeunesse
envolée. Tant que durait la jeunesse et que
les vœux n'étaient pas prononcés, il y avait
appel du cloître à ce monde, paré de couleurs
décevantes; mais se trouver libre, belle,
riche, heureuse, fêtée, dans l'éclat et le printemps, et s'enfermer, et se repentir, et s'exiler comme si l'on avait beaucoup aimé, imiter mademoiselle de La Vallière avant son
péché, madame de Longueville avant ses
batailles, la chose était assez rare, d'autant plus rare que les contradictions, les
faiblesses et les égarements de ces cœurs

enivrés semblaient ajouter un intérêt de plus à la vocation de ces nobles dames, à demi repenties, dont le nom profane et vénéré respire tout ensemble je ne sais quelle odeur de vieux myrte et de roses naissantes, d'ambre et d'œillets; douces chansons qui tournent à l'élégie, un menuet de Lully qui se change en plainchant! Que si vous voulez quelques exemples de ces conversions et de cet appel, de la cour à la retraite, les exemples, et les plus célèbres, ne vous manqueront pas.

Partout, dans cette France de Louis XIV, (encore faut-il donner au jeune roi le temps de vieillir et que madame de Maintenon ait le temps d'arriver), nous rencontrons les plus nobles, les plus aimées et les plus touchantes héroïnes qui se soient réfugiées à l'ombre du cloître, tantôt pour y chercher un abri pendant la tempête, et le plus souvent un port après l'orage. Que de larmes alors, d'austérités, d'abnégations, de repentirs ! Charles-Quint assistant à ses funérailles me paraît moins touchant que la jeune femme ensevelie, vivante, sous le drap funèbre, pendant que l'église chante sur cette morte au monde son plus lugubre *De profundis !* Oui, mais aussi, une fois dans la vie religieuse, dans ce fond suprême de silence, de solitude, de charité, que de fois l'esprit s'est révolté, et que d'ambitions ont fleuri et prospéré à cette ombre sainte et féconde ! Retranchée du monde, la dame abbesse y tenait encore par sa naissance, par son crédit, par sa famille, par tant de liens et par tant de souvenirs ! Dans cette renonciation à Satan et à ses pompes, elle n'avait pas abjuré le droit de sauver du naufrage son esprit, sa beauté, ses alliances, l'antiquité de sa race, toutes les grandeurs de sa maison; elle devait être savante, bonne théologienne, et tourner son esprit et ses soins aux grandes et laborieuses affaires; elle exerçait l'autorité souveraine dans son abbaye, sa crosse était un sceptre, son moindre geste était un ordre; elle gouvernait d'une façon absolue les âmes confiées à sa garde, et le plus souvent avec une douceur, des grâces et des manières qui la faisaient adorer. Aussi, voyez combien de grandes dames dans les cloîtres : la dernière duchesse de Guise, abbesse de Montmartre; madame de Chevreuse aux Bénédictines de Montargis; madame la duchesse de Noailles, la mère d'un évêque et d'un maréchal de France, dans son monastère de Châlons-sur-Marne; la maréchale d'Humières, aux Carmélites du faubourg Saint-Jacques; madame de Tambonneau, la propre tante des Noailles, se retirant aux Enfants-Trouvés, et, même dans cette sombre maison, suivie par la meilleure compagnie de la cour et de la ville. Et plus tard, sur les premières marches du trône, madame de Maintenon, reine à Versailles avec Louis XIV, n'a-t-elle pas voulu être reine absolue à Saint-

Cyr ? Cette noble maison de Saint-Cyr devint alors comme un concile permanent, où s'agitaient dans une ombre fière, dans un silence éloquent, les questions les plus difficiles de la croyance, de la conscience, du dogme, de la doctrine. Tout ce siècle était tourné à la domination d'abord, à la dévotion ensuite, à la poésie, à l'amour, à la gloire et à l'ambition avant tout.

Si je cherche des exemples d'une retraite moins princière et plus convenable à madame de Mondonville, j'en trouve à pleines mains. La marquise de Sablé, une des saintes de Tallemant des Réaux, quand elle eut perdu son dernier amant, trouva qu'il était temps de faire la dévote! «Ajoutez que, depuis qu'elle est dévote, c'est la plus grande friande qui soit au monde; elle invente toujours quelque nouvelle friandise!» Mais à quoi bon Tallemant ? Soyons sérieux. Voulez-vous une retraite vraiment sainte, tournez-vous du côté de madame d'Arrouy, la propre fille de M. de Pontchartrain ; madame d'Arrouy, charmante d'esprit et de corps, esprit très aimable et très orné, extrêmement dans les bonnes œuvres, extrêmement janséniste. Son mari était en passe d'aller à tout, et un beau jour voilà qu'il prouve à sa femme la vanité de tant d'espérances et la nécessité du salut ! Il fut compris du premier mot, et tous les deux s'en vont du même pas pour s'ensevelir à Pontchartrain, dans la méditation et dans les œuvres les plus difficiles de la plus fervente piété.

Une des premières dans l'ordre de la bourgeoisie, madame de Miramion avait montré comment une femme distinguée par tous les mérites qui rendent les femmes heureuses et honorées pouvait réunir, sur sa tête jeune encore et respectée, toutes les sympathies du siècle et toutes les grâces de la vie religieuse. Elle était veuve, très riche et très recherchée, et M. de Bussy-

Rabutin, qui la voulait épouser absolument, l'avait enlevée avec l'aide et le secours de M. le prince de Condé. Cet enlèvement se fit en plein jour, dans une allée écartée du bois de Boulogne. On avait jeté la dame dans un carrosse, et fouette cocher ! On s'attendait à des cris, à des larmes ; madame de Miramion resta blottie, sans mot dire, au fond du carrosse. Le soir venu, on entra dans un château appartenant à M. le prince; alors Bussy se présenta avec tous les respects et toutes les protestations d'un amour éternel; alors aussi la dame, prenant en témoignage le crucifix qui était dans le salon, fit un vœu solennel de chasteté, et, regardant son ravisseur d'un œil plein de mépris, elle lui demanda s'il oserait porter la main sur une fiancée de Jésus-Christ ? Bussy, tout insolent qu'il était, n'osa pas affronter cette vertu généreuse, et, comme il ne se sentait guère protégé par le roi, il ne songea plus qu'à mettre sa proie en liberté et à se faire pardonner son audace. Fidèle à son vœu, madame de Miramion se consacra entièrement à la piété et à toutes sortes de bonnes œuvres. C'était une personne d'un grand sens, généreuse, qui, de sa tête et de sa bourse, eut part à des établissements d'une charité active ; ce fut elle qui rétablit dans toute l'austérité de la règle ancienne la communauté de Sainte-Geneviève, où elle se retira, consacrant l'activité de son esprit, les forces de son cœur à l'éducation des orphelines et des jeunes filles sans fortune. Le roi aimait et distinguait madame de Miramion ; elle fut remplacée dans ses bonnes œuvres par madame la présidente de Vermond, digne fille de cette femme célèbre par ses bienfaits.

Ainsi vécut et mourut (nous revenons aux plus illustres!) madame de Guise, princesse très pieuse et très occupée de bonnes œuvres. Elle était de la cour, de tous les Marly, soupant tous les soirs au grand couvert, et cependant elle remplissait toutes les fonctions d'une religieuse hospitalière. Entourée des respects dus à une fille de France, et obstinée à l'obéissance de ses alentours, elle ne permit jamais à l'évêque de Séez, son diocésain, de s'asseoir devant elle; c'était pourtant la même femme qui passait les nuits à l'hôpital, agenouillée au chevet des malades, où elle acceptait avec joie les fonctions les plus dégoûtantes. On ne sut qu'à sa mort que son sein était rongé d'un cancer. Elle voulut être enterrée, non pas à Saint-Denis, dans le tombeau des rois, comme c'était le droit de sa naissance, mais aux Carmélites du faubourg Saint-Jacques, comme une simple religieuse : elle avait déposé l'orgueil royal à l'entrée de son cercueil.

Ces grands exemples, qui n'étaient perdus pour personne, auraient dû profiter à la veuve du comte de Mondonville; elle les tourna en habileté, et au profit de son

ambition. Elle n'était pas, tant s'en faut,
assez avancée dans la perfection, pour ne
pas prendre, au préalable, toutes les précautions mondaines; et quand sa volonté
fut bien arrêtée de vivre libre et honorée,
de dépenser sa fortune et sa vie, à l'abri
des folles passions et dans l'exercice des
passions sérieuses, elle se conduisit avec
une habileté, une prudence, une sagesse,
un courage, une volonté dignes du plus
vaste théâtre; en un mot, et c'est là ce qui
devait la perdre, elle a fondé son institution religieuse comme si elle se fût créé
un royaume, pour elle et pour ses hoirs.

Vous voyez qu'avant toute chose cette
femme, qui méritait d'être célèbre et qui
est à peine connue, marchait à la domination, à l'empire, à cette dignité qui fait
vivre, parce qu'à chaque instant elle donne
au corps de nouvelles forces et à l'esprit
des ressources nouvelles. Elle remplaçait
la vocation religieuse par l'énergie, la

ferveur par la volonté, et puisqu'elle ne pouvait pas être une femme heureuse au foyer domestique, elle se contentait d'être une femme obéie dans son cloître ; mais elle voulait un cloître basé à sa fantaisie, une règle écrite à son caprice, et, pour que rien ne manquât au moins à cette dernière ambition de son âme, elle résolut non-seulement de disposer et de se construire à elle-même son propre monastère, mais encore d'écrire la règle de sa maison, et de s'instituer elle-même, de son plein droit, la souveraine de cette maison dont elle serait l'âme, la volonté, la fortune, le confesseur et le docteur tout ensemble, chaque fille de céans ne reconnaissant pas d'autre loi que sa loi, d'autre règle que sa règle. « Que le roi de France commande à Versailles, moi je commande ici à mes filles ; et lui et moi nous serons les deux volontés les plus obéies de tout le royaume. Je veux imposer ma loi aux consciences, je veux ajouter un chapitre à l'Évangile. » Ainsi elle se parlait tout bas à elle-même, oubliant déjà sa jeunesse et ses amours, afin d'appartenir plus étroitement à sa propre domination.

Dans cette tentative périlleuse et nouvelle, cette femme étrange et née pour l'excès était soutenue, peut-être, par une grande espérance d'obtenir le royaume des cieux, mais, à coup sûr, par la volonté bien arrêtée d'arriver enfin à l'exercice complet des rares et excellentes qualités de commandement, de résistance, de rébellion même, qui étaient au fond de cet esprit que le ciel avait créé, non pas pour se débattre obscurément dans les partis, dans les cabales, dans les intrigues, dans les hérésies d'une ville de province, mais bien pour dominer, à Versailles même, les tempêtes et les orages de la cour.

Une fois résolue à ce chef-d'œuvre de son ambition et de son orgueil, madame de Mondonville comprit bien vite qu'à elle seule elle ne parviendrait jamais à son but de domination sans contrôle ; mais ici le danger était double : se donner à soi-même des pouvoirs si complets, comment l'oser ? Se confier à quelqu'un de ces docteurs sévères, de ces confesseurs jaloux, de ces directeurs inflexibles qui, par l'autorité de leur exemple autant que par la véhémence de leur parole et l'énergie de leur conviction, dominent toute chose dans l'Église, c'était accepter à l'avance un joug de fer, une loi brutale; c'était renoncer à cette existence à part, mêlée de retraite et de domination, à cette vie active au dehors, souveraine au dedans; autant valait tout simplement s'enfermer dans le vœu éternel de silence, de pauvreté et d'humilité. Vous pensez bien que l'ambitieuse ne s'arrêta pas longtemps sur cette idée; au contraire, elle revint, plus violente que jamais, à sa volonté première : dresser à elle seule, et comme elle l'entendrait, les *Constitutions* de son ordre, les disposer de façon à ce que rien, désormais, ne lui fit obstacle ni au dedans ni au dehors; se poser franchement, absolument, comme la fin suprême, le but unique de cette association des bonnes œuvres et de l'éducation publique, afin de tenir sous son joug les vieillards par l'espoir, les enfants par l'ignorance; vivre en reine de Toulouse, un peu au delà du monde, et cependant tenir au monde par la popularité et par l'empressement des multitudes; être louée et bénie, aimée et respectée tout ensemble; se servir de son génie à soumettre les âmes rebelles, de sa fortune à enrichir les misères obéissantes; régner par l'action, par la parole, par le bienfait, et si bien cacher l'art, le dessein, les hasards, les bizarreries de ce terrible jeu d'échecs, que les diverses opinions et les différents partis qui se partagent l'Église ne se doutent pas du piége ; telle fut l'œuvre de ce veuvage qui tenait la province en suspens.

Elle se mit donc à l'œuvre, et d'une main ferme et délibérée elle écrivit avec l'ardeur de saint Bernard lui-même les *Constitutions de la Congrégation des Filles de l'Enfance de Notre-Seigneur Jésus-Christ*, et elle y mit tant de soins, tant de zèle, tant de précautions infinies, qu'une fois ces *Constitutions* adoptées il fallut, en effet, une longue et patiente étude, même aux plus habiles docteurs, pour deviner la grande part d'autorité morale que cette habile femme s'était faite à elle-même, dans l'établissement de cette maison religieuse dont elle fermait les portes, tout d'abord, au curé, aux religieux, au confesseur. Ainsi étudiées, et surtout par la comparaison attentive avec les lois qui régissaient les communautés de filles, les *Constitutions de l'Enfance* sont un chef-d'œuvre de force, de prévoyance, de despotisme, d'habileté.

Bossuet, qui en ce temps-là était avec

l'abbé de Rancé (l'abbé de Saint-Cyran était mort en 1643) le plus parfait directeur des âmes dans la vie monastique, une de ces têtes au-dessus des vues humaines autant que le ciel est au-dessus de la terre, s'est beaucoup occupé, même quand il n'était encore que le jeune doyen de l'église de Metz, de la conduite des âmes et de la vie religieuse. Lisez ses lettres à madame d'Albert de Luynes, religieuse à l'abbaye de Jouarre, à madame Cornuau, en religion aux béguines; lisez surtout les *Lettres à une demoiselle de Metz*, et vous comprendrez quelle était la mission de ces grands esprits, inflexibles ennemis du chaos et de la confusion. On voudrait refaire aujourd'hui une *Constitution religieuse*, on la trouverait toute faite dans les lettres familières de Bossuet; ce sont à chaque instant, à chaque ligne, des conseils, des exhortations, des prières, des ordres souverains, des indications fermes et nettes contre les maux extrêmes, les piéges, les méprises, les ignorances; admirable commentaire de cette parole de l'apôtre : *Il faut que les forts supportent les faibles*, et de cet autre conseil : *Soyez sages avec sobriété*. Ainsi Bossuet recommande, de toutes ses forces, cette sagesse sobre qui encourage les faibles, cette force éclairée qui les soutient, cette indulgence qui attire l'inférieur au supérieur et dont se compose *l'unité des cœurs chrétiens.* A chaque ligne on sent une âme éprise des perfections de l'Évangile, et cependant une âme prudente qui ne veut pas aller trop loin, même dans les sentiers difficiles de la perfection. Telles sont *ces lettres de direction* auxquelles on ne peut rien comparer, même dans les *Pères;* si Fénelon a écrit son livre adorable *de l'Éducation des Filles*, Bossuet nous a laissé cette suite merveilleuse d'enseignements sur les doutes, sur les difficultés qui s'élèvent de temps à autres dans l'administration des plus saintes maisons ; et toujours après la leçon, après la méditation profonde, revenait l'ordre de prier pour l'Église, pour le pape, pour le roi, pour la famille royale, pour les pécheurs, et enfin pour lui-même, l'évêque de Meaux. Que d'onction, après tant d'éloquence terrible ! l'enthousiasme et le feu divin de la *bouche d'or* se calmaient, à parler la langue modeste du catéchisme. « Aimez, disait-il avec saint Augustin, et faites ce que vous voudrez, parce que si vous aimez véritablement, vous ne ferez rien qui déplaise à l'époux céleste ! » Ce grand homme, qui était l'arbitre des libertés de l'Église de France, le chef des évêques, le maître de l'éloquence chrétienne, quand il descendait à ces détails de la confession, de l'oraison, des austérités, des pratiques extérieures, il eût été impossible de rien entendre de plus clair, de plus naïf, de plus à la portée des humbles intelligences. Celui-là seulement qui veut se rendre compte, en toute humilité, de ces prodiges du Saint-Esprit, parviendra à comprendre par quelle force surnaturelle l'établissement religieux a résisté, chez nous, même à l'esprit de Voltaire, et comment Voltaire a été moins fort que Bossuet.

Voilà donc au milieu de quels trésors madame de Mondonville aurait dû chercher la règle et l'ordre de son institut, si elle eût aspiré à la vérité, à la modestie, à l'abnégation évangéliques; si elle se fût proposé un but moins direct, moins passionné de commandement, d'égoïsme et de domination; ou plutôt, dans cette tentative suprême d'un établissement religieux, madame de Mondonville devait-elle rester obstinément, absolument attachée à ce livre qui semble dicté par le stoïcisme chrétien : *les Constitutions du monastère du Saint-Sacrement* à Port-Royal. Rien qu'à ouvrir ces pages d'où s'exhalent la plus ardente ferveur et le plus cruel renoncement, on éprouve comme un vertige d'affliction et de pénitence. La main se refuse à tout reproduire dans ces préceptes qui nous semblent écrits au delà même de la charité. « Les religieuses du Saint-Sacre- « ment auront une révérence particulière « pour les ministres de l'Église. — Elles au- « ront une dévotion particulière à saint « Paul, à saint Augustin, à saint Bernard. « — Les confesseurs se présenteront tous « les huit jours au confessionnal. — Elles « auront soin de vivre de façon qu'elles « puissent communier tous les dimanches « et toutes les fêtes commandées. — Elles « garderont le silence dans tous les lieux « réguliers, au chœur, au dortoir, au cha- « pitre, au réfectoire. » Ainsi parlent les *Constitutions* du double monastère de Port-Royal, et si nous insistons principalement sur ces commandements généraux, c'est pour mieux indiquer les révoltes de l'*Enfance* contre la règle féconde et prévoyante qui enseigne, en les faisant aimer, l'humilité, la charité, la pauvreté, les plus austères, les plus cruelles, nous avons presque dit les plus féroces vertus.

Comparées aux *Constitutions de Port-Royal*, les *Constitutions de l'Enfance*[1] se font tout de suite remarquer par les plus étranges nouveautés ; il n'y a qu'une femme, et une femme jeune, belle, opulente, qui ait pu écrire, dans une charte religieuse, les étranges détails qui vont passer sous vos yeux. Vous y cherchez l'austérité du cloître, vous n'y trouverez que les grâces et l'abondance d'une belle maison où se réuniraient, pour être heureuses, tout à leur aise, quelques belles jeunes femmes à peine revenues des dangers d'un monde trompeur. On dirait, à

---

(1) *Constitutions de la Congrégation des filles de l'Enfance*, contenues dans un mémoire présenté au parlement de Toulouse par messire Guillaume de Julliard, prêtre, docteur en théologie, prévôt de l'église métropolitaine de Toulouse. A Toulouse, chez Jean Guillaumette, 1735.

lire les *Constitutions* qu'elle écrivait de sa belle main libérale, que la supérieure de l'*Enfance* a pris pour sa devise ce rêve de M. d'Andilly : « Sauver une belle âme qui « habite un beau corps ! » Ce ne sont que fêtes, enchantements, délices, heures tranquilles, abri précieux. Si nous étions assez hardis pour entreprendre, ici même, un parallèle entre la mère Angélique Arnauld et la profane abbesse de Toulouse, quelle page on pourrait écrire ! Mais ne tentons pas l'impossible, et d'ailleurs quelques citations nous suffiront.

« L'institution de *l'Enfance de Notre-Seigneur* est fondée (écoutez ! et vous allez reconnaître la femme battue par son premier mari, la femme qui a renoncé à son premier amour) en faveur des filles qui n'ont point de vocation pour le mariage et point de vocation pour la religion, » c'est-à-dire pour la vie religieuse, pour le cloître. A quoi bon attrister la vie, à quoi bon ces entraves et ces fardeaux ? nous vivrons de notre sagesse, nous nous contenterons de notre prudence. Entre Marthe et Marie, entre l'action et la contemplation, n'hésitons pas, restons du côté de Marthe. « Jésus entra dans un château où une femme nommée Marthe le reçut ; or, cette femme avait une sœur nommée Marie ; assise aux pieds du Sauveur, elle prêtait une oreille attentive à toutes ses paroles. Marthe, qui se donnait beaucoup de peine, s'arrêta et dit : « Seigneur, vous vous inquiétez peu de ce que ma sœur me laisse tout le soin du service ; dites-lui de m'aider. » Et le Seigneur : « Marthe, vous vous donnez beaucoup de peine, et vous ne savez pas qu'une seule chose est nécessaire : Marie a choisi la meilleure part. »

Ainsi parle Notre-Seigneur. « Une seule chose est nécessaire, » nous dit-il ; la supérieure de l'*Enfance* n'est pas tout à fait du même avis que l'Évangile ; elle trouve, au contraire, que Jésus-Christ lui-même a été trop rigoureux pour cette belle dame de Béthanie qui le recevait dans son château et qui se donnait tant de peines pour le bien recevoir. — « L'esprit de mon institution, » dit-elle, « ne sera pas celui de Marthe ni de Marie séparément, mais tous les deux ensemble. » Qu'est-ce à dire, sinon que, dans cette maison qu'elle prépare à l'exercice de sa toute-puissance, la jeune *supérieure* abandonne à ses filles le rôle de Marthe l'empressée, et qu'elle garde pour elle-même l'emploi de Marie la dame que l'on sert et qui se laisse servir? A moi l'empire, à mes filles l'obéissance ! Pendant que Marie gouvernera la communauté, Marthe « élèvera les enfants dans la connaissance des obligations de leur baptême; elle leur apprendra à lire et à faire les ouvrages dont elles sont capables; elle rendra service dans les hôpitaux qui pourront manquer de secours; elle assistera les pauvres malades dans leurs maisons. » De son côté, Marie, la dame châtelaine, « fournira aux pauvres les bouillons, les remèdes et les autres choses qui leur sont nécessaires; elle suppléera tout ce qui manque aux charités publiques. » Dans les temps de contagion, Marie et Marthe, c'est-à-dire madame de Mondonville et ses filles, « porteront aide et secours aux pestiférés. » Plus que jamais, vous le voyez, nous sommes dans le château hospitalier de Lazare, à quelques lieues de Jérusalem. Entrez, vous qui souffrez et vous qui avez faim : la maison est ouverte ; Marie et Marthe en feront les honneurs. Entrez! et vous trouverez l'aide, l'appui, l'assistance, la consolation, le conseil, Marthe empressée et Marie d'une bienfaisance inépuisable. Dans notre maison de Béthanie on recevra les femmes mariées et quelque peu lasses du mariage qui veulent faire des retraites, les jeunes filles au désespoir qui ont besoin de méditation et de silence pour comprendre enfin les secrets mouvements de leurs cœurs ; les veuves inconsolables à qui la solitude serait mortelle ! Entrez, et soyez les bienvenues, vous toutes qui apporterez à notre maison le reflet des passions et les bruits du monde extérieur. Vous serez aussi la bienvenue, vous-même, vous la Madeleine, la pécheresse aux blonds cheveux portant dans vos bras l'urne d'albâtre remplie de suaves parfums. Le pharisien s'étonne de l'audace de cette femme. « Je vous déclare, dit Jésus, que beaucoup de péchés lui seront remis parce qu'elle a beaucoup aimé ; celui à qui on en remet moins aime moins [1]. »

Ainsi, tout d'abord, les filles de l'Enfance échappent à la clôture, au voile, à l'habit religieux, au cilice, à la mort civile, à la pauvreté des prisonnières de Jésus-Christ ! « On ne les reçoit point indistinctement, au con-

---

(1) Bossuet, *Sermon sur l'intégrité de la pénitence*, t. XIII, p. 145, édition Lebel.

traire; on les choisit avec soin parmi les plus intelligentes et les plus jeunes, et de préférence celles qui ont les meilleures qualités!»
Leur cloître n'est pas un cloître, mais une belle et bonne maison entourée de jardins, parmi les fruits et les fleurs. On entre en ce beau lieu comme dans la maison maternelle; un prêtre cruel ne vous attend pas sur le seuil pour vous dépouiller de vos vêtements superbes et pour faire tomber sous le fer sacré l'ornement précieux de votre chevelure de vingt ans. Au contraire, les Constitutions de l'Enfance recommandent expressément que l'on ait soin de sa chevelure et de sa beauté. Ah! que nous voilà bien loin déjà du renoncement, de cette pénitence sans fin, de ce désespoir dont la condition est de pleurer toujours, de ce *De profundis* perpétuel sur une tombe remplie avant l'heure, de cette cellule pareille à un sépulcre, de ce lit fait comme un tombeau!

« Chères filles, s'écrie la supérieure de

l'Enfance, d'un son de voix très doux et très engageant, il faudra choisir nos habits comme des femmes sensées qui ne veulent faire peur à personne. Nous nous servirons indifféremment de toutes les étoffes, honnêtes, simples et unies; nous attendrons même, quand ces étoffes seront trop à la mode, qu'elles aient perdu quelque chose de leur première nouveauté. »

Écoutez maintenant la mère Angélique Arnauld :

« Soyez pauvres, dit-elle à ses filles, il n'y a rien à quoi les sœurs doivent plus travailler qu'à connaître la vraie pauvreté comme un trésor ! »

— « Nos souliers seront sans broderies et nos gants sans rubans, et nos manchons sans garnitures, » ajoute la supérieure de l'Enfance.

— « Des sabots, une tunique de ratine de Beauvais, une robe de serge de Mouy, faite à sac, » s'écrie le farouche Port-Royal.

« Les filles de l'Enfance changeront de linge tous les jours ; elles porteront du linge très blanc, mais très uni ; le linge pourra être fin et même brodé, si la condition le permet. »

— « Les linges seront savonnés, quand il en sera besoin, » dit Port-Royal.

— « Les filles de l'Enfance portent les cheveux sans poudre ; pas de rouge, pas de mouches, pas de broderies aux jupons, mais toujours des ajustements de bon goût. Car, » ajoute madame la supérieure avec un tact féminin, c'est-à-dire un tact exquis, « s'il faut éviter les légèretés de la mode, ce n'est pas une raison pour tomber dans les ridicules d'un usage passé. »

Que dit la mère abbesse du *Saint-Sacrement* au même chapitre ? Voici ce qu'elle dit :

« Pas d'habits neufs. Aucun changement à la forme des habits. Chemises de serge, ceinture de cuir jaune, avec un anneau de corne pour l'arrêter. »

« Le tour de gorge.... » car nous avons aussi le chapitre du tour de gorge; voici ce chapitre à Port-Royal : « Une toque de chanvre sur la poitrine. »

Enfin, on se permettra, à l'Enfance, le bonnet *de gaze*, la coiffe *en taffetas*, toute *la petite parure* que la mode peut apporter aux étoffes légères de l'été.

« Coiffe de toile; bonnet de laine en hiver; en futaine pour l'été; bandeau de toile sur le front. La robe couverte, le cou et le bras fermés, la manche en sac qui retombe sur les mains, » s'écrie la mère Angélique. Des gants ! des mouchoirs ! du linge ! Qui donc y pense dans le troupeau de l'abbé de Saint-Cyran ? Autant de péchés mortels.

La sollicitude maternelle de l'Enfance s'étend à toutes choses, et dans le moindre texte on retrouve le sentiment de l'élégance et du bien-être : « Les bâtiments seront simples, commodes et bien entendus.

« Les appartements de ces chères filles seront dignes de leur destination : une chambre *tapissée*, mais d'une *tapisserie commune*, tapissée de *bergame*, par exemple, ce qui est déjà un assez grand luxe ; des lits d'étoffe de laine en hiver, de fil en été (la soie est tout à fait défendue aux rideaux : il faut bien savoir se mortifier), une paillasse, deux matelas, et parfois un lit de plumes, un petit couvre-pied de soie à la tête du lit, mais pas *d'ornements aux ruelles*. En un mot, l'intérieur et le dehors seront également disposés, sans luxe, pour l'agrément et les commodités de la vie, d'un aspect sévère mais riant. »

« Une cellule et un lit de cendres ; vigiles et matines ! » dit Port-Royal. Et, s'il le faut, « foule ton père à tes pieds, pour arriver plus vite à ta croix : *Per calcatum patrem perage, et ad vexillum crucis advola.* »

Après la pauvreté, le travail ; or voici le travail de l'Enfance :

« On se lève à cinq heures en été, à six heures en hiver ; on travaille trois heures ; on dîne à onze heures ; après le dîner : récréation, lecture, un peu de chapelet, travail à l'aiguille, broderies, festons, et avant le souper une petite récréation, prière, et coucher à neuf heures. »

Port-Royal ordonne ce qui suit :

« Les sœurs feront la chandelle, les vitres, lanternes, chandeliers et autres ouvrages de fer-blanc dont la maison aura besoin ; jamais *ni broderies, ni fleurs artificielles* et autres choses semblables. »

Au chapitre des *gâteries*, la supérieure de l'Enfance est inépuisable :

« Je veux, pour mes filles, une table abondante et choisie, mais sans superfluité et sans luxe : le laitage, les œufs, les fruits, les conserves, le mouton, le veau, le bœuf, les pigeons, les poulets, les légumes ; rarement les perdrix et la venaison, à moins que le médecin ne l'exige ; alors nous aurons un peu de gibier. — L'eau fraîche et un peu de vin généreux pour en corriger la saveur. »

« Abstinence et jeûne! Jeûne éternel à Port-Royal! Trois onces de pain à la collation. Vaisselle de terre, écuelles de bois, cruche de grès. Stricte clôture, selon les termes du concile de Trente. »

Toute l'ordonnance de Port-Royal est empreinte de ces paroles du saint pape Célestin : *Nobis dominentur regulis, et non dominemur regulis;* elle est écrite, dans tous ses aspects, de ce même ton impérieux, lugubre, absolu, terrible, en vue de ce *magnificat* silencieux, féroce, sordide, dont se glorifiaient les premiers chrétiens. A Port-Royal on ne sait pas ce que c'est que de jeter dans l'eau tiède un peu de menthe ou de romarin, même pour laver les mains du prêtre à l'autel. A l'En-

fance de Toulouse, au contraire, ces innocentes élégances sont commandées. « La jeunesse a le droit de se parer, » disait *la Dévotion aisée*. « Quoi de mieux, en effet,
« la parure et la jeunesse? La nature même
« nous donne l'exemple de ces ornements
« innocents. Elle a paré d'un clair rayon la
« douce matinée qui est la jeunesse de cha-
« que jour; elle pare de ses fleurs les plus
« charmantes le frais printemps qui est la
« jeunesse de l'année; elle entoure de ver-
« dure naissante les ruisseaux jaseurs qui
« sont la vie et la jeunesse des rivières et
« des fleuves emportés par l'Océan. »

Mais voici bien une autre différence et très inattendue dans les *Constitutions* de l'une et de l'autre maison. Pendant qu'à Port-Royal il n'y a que des *sœurs*, vivant sur une loi d'égalité parfaite, dans une espèce de république chrétienne (si j'ose parler ainsi), où la mère abbesse elle-même n'est que la première servante de ses

sœurs, la supérieure de l'Enfance, fidèle aux vanités du monde, établit trois ordres parmi ses filles : « les demoiselles de noblesse, les demoiselles d'une inférieure condition, les filles de service ou servantes du gros emploi. » Quoi donc ! des maîtresses et des servantes dans une maison religieuse ! des filles nobles et des filles de service ! En un mot, nous restons dans la société commune, dans toutes les bienséances de la régularité, affranchie des vœux solennels, loin et bien loin de saint Bernard, d'Angélique Arnauld, de l'abbé de Rancé et de mademoiselle de La Vallière, fille de service aux Carmélites ! Bossuet appelle ces précautions et ces différences : « la pru-
« dence de la chair. » Tertullien se plaint aussi de ces faiseurs de constitutions qui se donnent tant de peines dans leurs égarements : *Multum errando laboravit*. Malheur à celles qui enfantent de pareils enfantements ! *Væ pregnantibus !* mais il

fallait à madame la supérieure une hiérarchie de pouvoirs dont elle fût la souveraine, afin que l'on pût dire quand elle irait par la ville : C'est elle ! — la voici ! — regardez-la ! — l'avez-vous vue ? *Videsne hanc mulierem ?*

Vient ensuite, qui le croirait ? le chapitre *de la livrée*, comme cela se disait dans les bonnes maisons de Paris. Madame de Mondonville, en effet, aura sa livrée; *les valets et les laquais* peuvent rester garçons; les cochers seront *mariés*, les uns et les autres seront *chassés* pour la *moindre faute*; la maison aura ses *carrosses*, ses *chevaux* et ses *chaises*, « toutes simples, tout unies; de « couleurs non éclatantes; sans parements, « broderie, houppes, armoiries ou pein« tures; les harnais et les boucles sans fa« çon, qui aient moins de mode que de « beauté! » Ainsi rien ne manque à cette charte heureuse; notre charte raffine sur la propreté et sur la mollesse; on s'y occupe de toutes les petites délicatesses du boire, du manger, du repos ; on y cultive avec toutes sortes de prévenances les aises et les soins de la personne ; l'art du boire, du manger et du dormir y est poussé aussi loin qu'il peut aller honnêtement ; on y parle un peu du bon Dieu et beaucoup des habits, des meubles, des équipages. Madame la supérieure, entourée de ces jeunesses confiées à sa garde, les voulait entourer à son tour de toutes les prospérités de ce bas monde. Voilà pourquoi elle arrange, elle meuble, elle dispose son monastère comme elle ferait d'une maison de campagne pour passer sa vie au milieu d'une conversation agréable, entre le bruit de la ville et le silence du cloître. Religieuses moins le jeûne, la mortification et la solitude, elles auront, pour occuper leurs tendresses, l'éducation des enfants, et l'exercice facile de ces bonnes œuvres qui coûtent si peu aux nobles cœurs, et qui rapportent, en attendant la récompense du ciel, l'estime, l'honneur, la considération, l'obéissance et le respect du monde d'ici-bas. Le projet était beau et mondain ; c'était, au reste, le rêve réalisé des esprits les plus distingués et des imaginations les plus ardentes de ce siècle. La plus grande dame de la famille royale, et la plus proche du trône, la grande Mademoiselle, au plus beau moment de sa fortune royale et de ses amours avec M. de Lauzun, à quoi songe-t-elle? Elle songe à se construire un champ d'asile à son usage. S'éloigner de la cour! voyez la fête! afin de s'abandonner plus librement aux plaisirs de la conversation, qui est *le plus grand plaisir* de la vie, sinon *le seul;* «être plusieurs qui renoncent à l'ambition ; choisir un bel endroit sur les rives de la Loire, ou de la Seine, ou sur les bords de la mer, dans le voisinage d'un grand bois où l'on arriverait par de grandes routes, et se bâtir, *de la façon la plus agréable,* une belle maison en plein midi. » — De vastes jardins, de beaux fruits, sur *un bon terroir*, assez d'eau *pour avoir des fontaines;* de la vue, et si la forêt nous gêne, nous y ferons quelque petite éclaircie. — « On « se visiterait à cheval, en calèche, en « *chaises roulantes*, quelquefois en *carrosse.* « On lirait beaucoup, donc on aurait *beau-* « *coup de livres.* — Il y aurait *un jeu de* « *mail,* car il est convenable de songer à « la santé du corps, *sans négliger la santé* « *de l'esprit.* On *ajuste sa maison*, on cultive « son jardin, on écrit parfois *à ses amis de* « *la cour;* les uns dessinent, les autres font « *des vers;* ceux-là chantent qui *ont la voix* « *belle;* les habiles jouent du luth, du *cla-* « *vecin* et des autres plus agréables instru- « ments. Quant aux violons, on les laissera « *aux domestiques,* qui finiront par faire « une *bonne bande* quand ils seront *tous* « *ensemble.* On ira même *au bal,* mais pas « très souvent. — Ces belles oisives garde-

« ront les moutons dans les prairies; elles
« auront des houlettes et des *capelines*; on
« dînera, sur l'herbe verte, de mets rusti-
« ques et convenables aux bergers; bref,
« on imitera ce qu'on a lu dans *l'Astrée*,
« sans toutefois *faire l'amour!* — Je vou-
« drais enfin, ajoute la princesse, que nous
« eussions un hôpital où l'on nourrirait de
« pauvres enfants, où on leur ferait appren-
« dre des métiers, et où l'on recevrait des
« malades. L'on se divertirait à voir tra-
« vailler les uns, et l'on s'occuperait à ser-
« vir les autres. Enfin, je voudrais que rien
« ne nous manquât pour mener une vie
« parfaitement morale et chrétienne de la-
« quelle les plaisirs innocents ne sont pas
« bannis. »

Dans ces *Constitutions* qui sentent quelque peu l'idylle, la royale princesse aborde même la question du mariage : « cette erreur si commune, qu'une vieille coutume a rendue légitime. » Porter des habits simples et *fort propres,* aussi éloignés de la *vanité que de la laideur,* cela se comprend, mais où est la nécessité *de se marier?* « Au moins, une fois que nous serons veuves, tout sera dit. Nous ferons comme les veuves du village de Randon, en Auvergne, où jamais veuve ne s'est remariée, depuis que la comtesse de Randon leur eut donné l'exemple. Quant à *l'air galant,* c'est autre chose, on n'y veut pas renoncer. « Sainte Thérèse avait *l'air galant,* » disait l'évêque d'Orma, qui la comparait à la reine Isabelle! conservons donc soigneusement, cette galanterie générale et sans objet, ce bel air que célébrait le grand dom Jean de Palafox et de Mendoce, évêque d'Orma, *Y espiritus de la senora reina catolica, y de santa Teresa !*»

Nous entrons ainsi dans l'esprit des *Constitutions de l'Enfance...* une reine qui se fait bergère, à condition qu'elle redeviendra reine au besoin;... sainte Thérèse conservant son *air galant* et digne d'une infante! Dans les *Constitutions de Port-Royal*, on ne lira pas sans respect le chapitre intitulé : *L'Office de la mère abbesse*; c'est un chef-d'œuvre d'indulgence, de bonté, de charité, de bienveillance. En ce moment disparaissent toutes les austérités de cette règle sans pitié, et l'on n'en voit plus que les tendresses. *L'office de l'abbesse*, c'est d'être la plus tendre des mères ; sa bénédiction est inépuisable comme son indulgence; elle est la charité même, elle est la prudence, elle est la pitié ! Elle répond sur son âme de toutes les âmes confiées à sa garde; elle est en plein sacerdoce, c'est-à-dire en pleine terreur sur elle-même, et rien n'égale son dévouement, sinon sa profonde et complète abnégation. Au contraire, aussitôt qu'il s'agit de ses priviléges, la supérieure de l'*Enfance*, jusque-là si prodigue en câlineries et en aménités de tout genre, s'entoure de précautions incroyables. Il s'agit de son omnipotence, il s'agit de son orgueil, et elle est inflexible. On ne voit que son geste absolu ; on n'entend que ses ordres. — « La *supérieure* est l'âme de la maison de l'*Enfance* ; elle est le chef de tous les membres qui la composent ; toute vertu et toute perfection dépendent de son influence. Elle peut être âgée de moins de trente ans, pourvu qu'elle soit prudente, discrète, exempte de tout soupçon d'avarice ; la bonne odeur de ses actions lui doit attirer toutes les vocations ; elle donnera audience une fois par mois (*audience*, cela veut dire une *confession solennelle !*) à chacune de ses filles, et les accueillera avec un visage serein ; elle prêtera une oreille attentive à toutes leurs misères ; elles n'auront rien de caché pour elle, et, de son côté, elle ne les renverra jamais mécontentes. »

L'empereur romain ne parlait pas autrement quand il disait : « Il ne faut pas que le sujet qui a vu le visage de son maître se retire avec un visage mécontent ! »

Une fois dans les sentiers du pouvoir absolu, la supérieure de l'*Enfance* ne connaît plus d'obstacle. La maison, c'est elle-même! Elle veut être aimée, afin d'être mieux obéie; elle saura tout ce qui se fait, tout ce qu'on dit et tout ce qu'on pense; elle est la source unique de toutes les faveurs et de toutes les grâces. L'aborder, c'est déjà une récompense. Elle-même, elle doit vivre à part, dans une atmosphère choisie, sur un roc inaccessible que rien ne saurait ébranler, ni la violence, ni la flatterie, ni l'autorité, ni la faveur, ni tous les flots, ni tous les vents. Là elle vit, là elle règne; autour d'elle, à ses côtés, à ses pieds, elle ne souffre et ne tolère aucun des partis qui divisent d'ordinaire les maisons religieuses; elle exige en revanche cette *sainte liberté* d'esprit qui convient à d'honnêtes filles que n'ont pas effrayées les mille austérités d'une règle sévère, d'un directeur farouche et d'un con-

fesseur impitoyable. « Que les filles de l'*En-*
« *fance* soient heureuses ! Qu'elles s'aban-
« donnent librement à leurs innocentes
« joies ! Que leur parole soit calme, leur
« marche allègre, leur geste réservé, leur
« rire sincère ; que la bonne humeur pré-
« side à leurs études, à leurs travaux, à
« leurs fêtes ! Point de pénitences publi
« ques ! Point d'aveux humiliants ! Pas de
« cloche qui les réveille en sursaut ! Notre
« chapelle sera pleine de fleurs, et j'y ferai
« placer de belles toiles des grands maî-
« tres d'Italie. Notre orgue sera touché par
« une main savante ; les plus belles voix
« chanteront les louanges du Seigneur ! »
En même temps, elle recommande la modération en toutes choses, et même dans
les pratiques du chrétien. Elle est contente
pourvu que ses filles soient modestes, généreuses, réservées avec tous, d'une confiance sans bornes avec elle-même. Elle leur
demande, en échange de ses soins et de sa

fortune, « une tendre et respectueuse confiance, une cordiale et vraiment filiale dilection, se versant dans son âme avec naïveté, sans réserve et sans façon, sans vétilles ou répliques inutiles, disant également les choses honorables et celles qui sont en confusion. » Si bien que cette habile femme agissait, sans le savoir, comme le roi dans son royaume; elle-même, et de son autorité privée, elle se substituait au curé, au directeur, au confesseur, au doyen, au vicaire général, à l'évêque diocésain, à l'archevêque, à tous les pouvoirs; elle était la loi, elle remplaçait les prophètes, elle retranchait à l'Evangile, elle ajoutait à la morale, elle donnait un sens inconnu aux épîtres des apôtres, elle faisait servir la piété à son ambition, elle marchait à son salut par le chemin royal de la dignité et de l'opulence; sa dévotion profane parlait un jargon inconnu à tous les siècles de l'Église, elle s'enivrait à l'avance de cette dignité qu'elle allait se conférer à elle-même, contrairement aux lois, aux coutumes, aux usages, à cette tristesse évangélique qui avait été jusqu'à ce jour l'âme universelle des maisons religieuses; elle était le souverain pontife de son catholicisme entre quatre murailles; elle était le prêtre de son autel; elle liait ses filles, par l'affection, la reconnaissance, le dévouement. Tout le reste était parfaitement facile; peu de dot à payer, et, si la dot manquait tout à fait, la supérieure se croyait payée et au-delà par un redoublement d'obéissance et de respect. Entrez ! la porte est ouverte, vous serez la bienvenue, ô Marthe, ma sœur, et dans cette apparence de cloître vous garderez votre liberté, vous conserverez le nom de votre père et même votre rang dans le monde. En effet, grâce à cette division de la communauté en trois classes bien distinctes, on s'appelait tantôt *ma sœur*, tantôt *mon amie*, ou *mademoi-*

selle, ou *madame!* On habitait une *chambre*, et non pas une *cellule;* on mangeait dans la *salle à manger*, et non pas au *réfectoire;* on n'appartenait à personne, sinon à *madame;* tout au plus relevait-on de notre saint-père le pape. Pour tout vous dire, je ne saurais vous dire la quantité infinie de fossés, de défenses, de lois, d'ordonnances, de barricades que cette femme habile et forte avait dressées entre sa maison et les influences du dehors.

Quand elle eut médité longtemps son œuvre de domination et d'orgueil, et ses *Constitutions* écrites, madame de Mondonville songea à disposer un lieu convenable à la réalisation de ses projets. Elle habitait un vaste hôtel, non loin de la rue de la Bastide, dans la paroisse de Saint-Pierre-des-Cuisines, et peu à peu, par divers achats consécutifs, elle réunit autour de la maison principale une douzaine de maisons, grandes et petites, mêlées de cours, de jardins, de vignobles, entremêlées de ruelles et de passages, un vrai chaos; elle éleva autour de cet îlot un mur épais de dix-huit pieds de hauteur, et ce rempart, pour ne pas trop marquer, reçut la teinte rembrunie d'une vieille muraille que le temps aurait noircie à plaisir; la muraille était percée de plusieurs portes cachées; la porte principale donnait sur une place oblongue, entre le séminaire des Irlandais, le couvent des Cordeliers et le couvent des religieux de la grande Observance. Sauf les changements indispensables, chaque maison enfermée dans ce labyrinthe, dont une seule femme savait les tours et les détours, avait conservé son toit, sa porte, sa cour, sa vigne, son jardin, et dans le jardin son bosquet de myrtes ou d'orangers, si bien qu'un village entier se trouvait contenu dans ces sombres murailles. On meubla ces diverses maisons la nuit, en silence, et personne ne sut au juste combien de lits cette vaste enceinte pouvait contenir.

Tout fut prêt sur la fin du mois de mars, deux années après la mort, encore inexpliquée, de M. de Turle, seigneur de Mondonville et autres lieux.

IV

Certes ce serait bien le cas, ou jamais, de s'écrier avec l'abbé de Rancé : « Le cœur des hommes (et des femmes) est un champ d'une fécondité surprenante pour les mauvaises choses ! » Il disait aussi, en parlant d'un pénitent sans pénitence : « Honte à ce dragon gonflé de venin dans sa caverne ! » Madame de Mondonville, à peine eut-elle disposé toutes choses pour la réalisation de ses projets ambitieux, entendit comme une voix qui lui racontait l'histoire du *dragon dans sa caverne!* Par quels moyens réaliser ces beaux rêves ? Quelle force donnera la vie à ces fantômes ? Quel esprit, assez courageux, assez hardi, assez préparé à toute disgrâce pour accepter, les yeux fermés, les *Capitulaires* de cette femme acharnée à l'embellissement de sa fortune? quel homme enfin d'une autorité assez considérable, et par lui-même assez entouré de louange, de considération et de respect, pour contresigner de son nom ces monstrueuses nouveautés ? Il s'agissait de tromper ici le roi, le parlement et l'Église ; le Capitole... de Toulouse et le Capitole de Rome ! L'œuvre était difficile et pleine de périls ; on y risquait l'excommunication du pape et même la colère du roi ! Il y allait de l'enfer... et de la Bastille ; et la chose méritait qu'on y pensât.

La belle veuve, à force d'y rêver et de remonter le courant des libres années, eut bien vite retrouvé M. de Ciron dans ses souvenirs et dans son cœur ; hélas ! elle ne l'avait jamais oublié tout à fait, mais elle le vit, cette fois, tel qu'elle eût bien fait de le voir toujours : dévoué, fidèle, généreux, d'un courage naïf, d'un esprit noble et fier. Elle revit, en même temps, le beau jeune homme qui lui avait sacrifié, sans se plaindre, sa force, sa jeunesse, son amour, le repos et ses douces joies, pour accepter, en échange d'une vie languissante, l'isolement, l'abandon, la pauvreté. — Tel était l'esclave obéissant que madame de Mondonville tenait en réserve pour l'accomplissement de ses desseins.

A vrai dire, il fallait que la dame eût une grande opinion de sa toute-puissance sur cette âme forte et résignée pour s'abandonner à cette espérance de l'impossible. Le caractère de M. de Ciron, sa piété, sa modestie, sa science, sa vertu ; ce bon esprit qui inspire le courage dans le péril et qui supplée, au besoin, tous les devoirs du prêtre et du galant homme, le mettaient à l'abri des tentations les plus violentes de son cœur. Captif, il avait brisé ses chaînes ! Esclave, il s'était réfugié dans un asile sacré ; il était mort au monde ; pour lui cette femme était morte ; si d'aventure, en la retrouvant agenouillée au chevet de son époux, il avait éprouvé quelques atteintes de la flamme un instant ranimée, il s'était dérobé, par la fuite, à ce danger suprême, et, pour se châtier de son crime involontaire, il s'était plongé, avec plus de violence et plus d'ardeur que jamais, dans les austérités impitoyables. Son bien donné aux pauvres, ses journées aux prisonniers, ses nuits aux malades, sa vie entière au Dieu terrible de l'Évangile, avaient entouré ce jeune front, pâli par tant de souffrances, d'une auréole semblable à l'auréole suprême ; si profonde, en un mot, était sa pénitence, et si voisine du désespoir, que sur ce désespoir même la future supérieure de l'*Enfance* a pu compter, quand elle entreprit cette lutte acharnée contre l'innocence, le courage et la piété de ce jeune apôtre, l'amour et la louange de la ville, l'orgueil de la jeune Église, l'arbitre absolu des plus grandes et des plus petites affaires de cet immense diocèse dont il était, par l'acclamation universelle (au même titre que les anciens évêques), le vicaire général et l'arbitre absolu, en l'absence de l'archevêque de Toulouse, monseigneur Pierre de Marca.

Dans le beau livre de M. Perrault, intitulé : *Les Hommes illustres qui ont paru en France pendant ce siècle*, parmi tant de grands noms et de gloires incontestables que la postérité a confirmées, on remarque plus d'un nom qui était en effet célèbre *pendant ce siècle*, et complétement inconnu aujourd'hui. Par exemple, sur le même rang que Pascal, La Fontaine et Condé, on ne s'attend guère à rencontrer : Jean de Launoy, *docteur de la maison de Navarre*; Pierre Lallemant, *prieur de Sainte-Geneviève*; Jérôme Vignier; Berbier du Metz; Jacques de Soleizel, *écuyer du roi en sa grande écurie*; François Chauveau; Pierre Camus, *évêque de Bellay*; Thomassin et Morize, *prêtres de l'Oratoire*; Rossignol enfin et autres célébrités dont le temps a fait justice; même (au premier abord) on s'étonne de rencontrer, sur cette liste illustre, entre Turenne et le cardinal de Richelieu, notre archevêque de Toulouse, M. de Marca. Cependant, à bien étudier l'ensemble de ce personnage, on comprend que cette noble tête ait trouvé grâce devant le célèbre graveur Edelinck, qui en a fait un chef-d'œuvre. L'habit est l'habit d'un prélat; la tête est la tête intelligente et forte d'un vaillant capitaine; la bouche commande, la tête médite, le regard est vif et profond; Son Éminence Pierre de Marca porte ses cheveux comme les portait Son Excellence monseigneur le cardinal de Richelieu lui-même. Richelieu portait la moustache et la *royale* comme M. de Marca :

qui a vu l'un a vu l'autre.— Bons capitaines, grands politiques, prêtres médiocres tous les deux.

Ce monsieur de Marca, dont le rôle a été long et difficile dans les affaires de ce temps-là, était né dans le Béarn, comme le roi Henri IV, et même, au plus fort des persécutions contre les catholiques du Béarn, on l'avait baptisé, en cachette, à Tarbes, ce qui ne l'avait pas empêché de présider, à vingt-cinq ans, le conseil souverain du petit royaume huguenot; devenu plus tard président du parlement de Pau, M. de Marca y fit admirer son habileté et sa prudence. Le cardinal de Richelieu, qui savait les hommes, avait fait de M. de Marca un conseiller d'État, et le nouveau conseiller, pour payer sa bienvenue, avait défendu, un des premiers et avec une rare énergie, contre les prétentions de Rome, les libertés de l'Eglise gallicane, ce principe de tant de libertés. Devenu veuf de Marguerite de Fargues, la digne fille des vicomtes de Lavédan en Bigorre, ce fier magistrat, qui se sentait poussé par tous les vents favorables de l'ambition et de la fortune, était entré dans les ordres, puis il avait administré la Catalogne pour le roi Louis XIII, et il s'était fait aimer à ce point, dans cette province conquise, que, durant une maladie que l'on croyait mortelle, les bons Catalans, quelque peu naïfs, avaient envoyé en pèlerinage à Notre-Dame de Montserrat douze capucins et douze jeunes filles, les pieds nus. Plus tard encore, promu au siége de Toulouse par le pape Innocent X, il s'était montré, dans l'assemblée du clergé de 1653, un des persécuteurs les plus fervents des jansénistes, et le terrible Nicole (le portrait de Nicole et le portrait d'Arnauld ont été arrachés dans le livre des *Hommes illustres* de Perrault!) l'avait pris corps à corps dans son latin incisif et nerveux ; disputes oubliées sur lesquelles ont blanchi nos grands aïeux;

combats qui nous font sourire, mais qui laissaient dans les cœurs les plus généreux et dans les âmes les plus vertueuses des traces sans fin et des blessures sans guérison.

M. de Marca, archevêque de Toulouse, se fût comparé volontiers au poëte Ovide chez les Sarmates, tant il était avide des grands emplois qu'il eût toujours trouvés moins grands que son génie. D'ailleurs il se rappelait sans cesse qu'il avait été désigné pour remplacer le cardinal de Retz dans son archevêché, et le cardinal de Mazarin au ministère. — «Tu es Pierre, et sur cette pierre je rebâtirai mon Église, » avait dit l'évêque à son baptême, et il ne comprenait pas que la prédiction ne se fût pas accomplie. En attendant le gouvernement des affaires publiques ou l'archevêché de Paris, qu'il obtint peu de jours avant sa mort, il écrivait des histoires[1] et des dissertations en

---

(1) *Marca Hispanica.*

belle langue latine ; il convertissait des hérétiques dans ses moments perdus; il vivait à Paris, plus souvent dans les conseils du roi qu'à l'église. Après la faveur des princes, et l'espérance de la pourpre à laquelle il touchait quand il est mort, ce qui lui plaisait le plus, c'était le silence et l'oubli des petites affaires diocésaines : « Homme « d'un très beau génie, dit Bossuet, d'une « érudition imposante, d'un esprit vaste « et ferme; mais il passait sa vie à la cour « ou dans les livres, rarement dans son « diocèse; *il avait la malheureuse habi-* « *tude de traiter, comme en se jouant, les* « *matières ecclésiastiques!* » Par suite de cette *malheureuse habitude*, l'Église de Toulouse était abandonnée à elle-même, heureuse encore, en ces disgrâces, d'être tombée aux mains bienveillantes des deux vicaires généraux, M. l'abbé Dufour et M. l'abbé de Giron.

Ainsi la considération personnelle de

M. de Ciron s'agrandissait, dans l'esprit de madame de Mondonville, de sa dignité nouvelle et de son empire sur l'archevêque et l'archevêché de Toulouse. En l'absence de monseigneur, le jeune vicaire général était le maître de ce grand diocèse, et l'archevêque lui-même, si M. de Ciron les adoptait, signerait, sans les lire, les *Constitutions de l'Enfance!* Mais comment rejoindre ce pénitent dans son cilice et dans ses cendres? Comment ramener au joug cet esclave révolté, et quels panneaux assez déliés pour qu'il ne sente pas le piége et pour qu'il y tombe? En vain elle appelait à son aide « cette fécondité surprenante pour les mauvaises choses, » dont parle l'abbé de Rancé; en vain elle assistait, attentive jusqu'à l'adoration, aux sermons de ce prêtre très fervent et très éclairé du rayon d'en haut; M. de Ciron cessa de monter en chaire quand il eut remarqué ces deux yeux noirs qui brillaient comme deux éclairs fixes dans cette foule enthousiaste qui s'enivre d'éloquence tout autant que de poésie ; en vain elle se prosternait, à la messe du jeune abbé, avec tous les signes de la contrition la plus violente ; l'abbé, qui se sentait troublé sans savoir pourquoi….. ô les bruits du cœur ! ô les soupirs muets ! ô le sixième sens ! ne dit plus la messe que de très bon matin, à l'aube naissante ; prosterné à cet autel solitaire, il prenait du courage pour le reste du jour. — L'infortuné, il voyait tourner autour de lui la lionne qui cherche à dévorer sa proie, et il redoublait, — défense inutile ! — d'humilité, de prière, d'abnégation.

Mais quel mortel échappe à sa destinée, surtout quand il faut combattre à la fois son cœur et sa jeunesse ? D'abord on se roidit contre son infortune, on fait mieux qu'on ne l'espérait, et aussitôt on se croit fort, on se croit sauvé ; on salue, à l'avance, le grand jour des *liberalia* ; on se dit que ce serait une honte et un grand crime de per-

dre tant de chemin déjà fait et de se dédire
à l'agonie de sa passion..... Dieu vous garde
et vous protége! mon frère, car vous n'a-
vez jamais été en plus grand péril. — Un
jour donc, le dernier jour de la semaine
sainte, à l'heure triomphante où les cloches exilées reviennent de Rome à toutes
volées, la veille de Pâques, si nombreux
étaient les fidèles, que les confesseurs
avaient manqué à la confession générale
et que chaque prêtre était à l'œuvre dans
la cathédrale remplie. Caché dans un confessionnal solitaire, M. de Ciron écoutait
les confidences d'une longue suite de vieilles
femmes qui sentaient le vieil âge et la dévotion moisie, pareilles à cette fade odeur
de fleurs fanées qui ont longtemps croupi
dans un vase à demi plein! Le jeune prêtre,
déjà las de cette besogne monotone, lui
qui eût affronté de grand cœur les consciences les plus endurcies et les plus coupables, venait de réconcilier assez leste-

ment une de ces vieilles dévotes avec le ciel qu'elle n'avait pas outragé depuis longtemps, hélas! lorsqu'à un soubresaut de son cœur, à la pâleur de son visage, à ce je ne sais quelle émeute qui vient de l'âme, il devina, plutôt qu'il ne comprit, que c'en était fait de sa conscience et de sa liberté. O misère! Madame de Mondonville était agenouillée près de lui! elle remplissait ce confessionnal profané de sa beauté, de ses révoltes, de ses murmures; elle tenait ce prêtre... ce jeune homme attentif au plus léger souffle de ses lèvres éloquentes; elle lui parlait à voix basse, de cette voix stridente qui faisait battre les moindres fibres du cœur! Elle triomphait à deux genoux de ce quasi archevêque qui la contemplait éblouissante! Elle cependant, de sa belle main romaine, elle frappa trois fois cette poitrine de Vénus armée. — C'est ma faute! disait-elle, et c'est ma faute! Ah! oui, c'est ta faute, et ta très grande faute, infortunée, qui n'as pas su obéir, tout simplement, aux chastes penchants de ton cœur, lorsque d'un mot tu pouvais toucher à ce grand bonheur : se marier à qui vous aime, et qui t'en viens, à cette heure, pour entraîner dans tes abîmes ce jeune homme que ton amour a perdu ! Mais, grand Dieu ! quelle voix assez audacieuse ou quelle plume assez impuissante oserait répéter les paroles, les silences, les larmes, les luttes, les remords, les douleurs dont ce confessionnal fut le théâtre, et quel drame caché, mystérieux, terrible, s'est accompli entre cette jeune femme et ce jeune homme, perdus l'un par l'autre, perdus pour l'éternité, et se retrouvant tête à tête dans ce tombeau, elle décidée à vaincre, et lui succombant sous la toute-puissance de ce regard, de ces prières, de cet ordre suprême, car elle savait qu'une demande timide appelle le refus, et elle finit par dire : *Je le veux !* Elle parla ainsi longtemps, sûre d'être écoutée ;

elle répandit son âme ulcérée aux pieds de cet homme qu'elle venait de conquérir, et, quand elle fut sûre de sa victoire, elle sortit de ce tribunal de la pénitence, la tête haute, le regard superbe, comme si elle eût été elle-même le pontife qui lie et délie, qui condamne et qui pardonne. On eût dit, à la voir traverser, sous cette voûte hardie, cette longue nef qui semblait frissonner au contact de sa robe traînante et de ses pas impérieux, quelque statue de sainte Catherine de Sienne qui serait descendue de son piédestal, l'auréole au front, la palme du martyre à la main!

La ville apprit bientôt que *l'abbé Gabriel* (ainsi le peuple reconnaissant désignait M. de Ciron) avait adopté la *Maison des filles de l'Enfance*, s'était chargé d'en écrire lui-même les *Constitutions* et de les porter à Rome quand elles seraient écrites. Les uns et les autres félicitèrent madame de Mondonville et la félicitèrent sans arrière-pensée, car déjà tous les cœurs des plus pauvres gens appartenaient à cette noble dame pour les bienfaits que promettait sa pieuse et opulente fondation; on aimait aussi ce jeune prêtre pour tant de bonnes œuvres que l'on savait d'autant mieux, qu'il les avait cachées avec plus de soin et de réserve; et comme leurs premières amours avaient été à l'abri non pas seulement de la calomnie, mais de la plus délicate médisance, si profond était le respect dont ils furent entourés elle et lui, que jamais, et pas une seule fois, la plus légère rumeur n'osa s'attaquer à leur bonne et intacte renommée. A peine, de temps à autre, quelques envieux de cette considération générale de probité et de vertu se permettaient de sourire; ce sourire mal séant et coupable était bien vite réprimé par l'estime sincère, nette et tranchante des plus honnêtes gens.

Cependant il était impossible que le

jeune prêtre se rendît ainsi sans combattre; au contraire, sa résistance fut héroïque. M. l'abbé de Ciron était, nous l'avons dit, un homme très éloquent, très bon théologien, très versé dans la science ecclésiastique, et il la traitait sérieusement. Madame de Mondonville, parmi ses larmes, son repentir, sa tendresse, son profond regret des plus jeunes années inutilement dépensées, lui avait bien touché quelques mots de ses projets d'une maison d'éducation, de retraite et de refuge, mais elle n'avait pas osé aborder le grand obstacle des *Constitutions* qu'elle avait écrites, et même elle ne s'en ouvrit que peu à peu, article par article, justifiant avec une grande chaleur et un vif entraînement les plus violents passages de son œuvre. Elle savait par cœur toutes les lois et toutes les règles de toutes les maisons religieuses de la province, et elle y puisait des armes toujours nouvelles. L'Eglise de Toulouse était en effet en grande considération et en grande autorité dans l'Eglise de France ; *Palladia*, c'était le nom de la *Tolosa* païenne, qui de tous les faux dieux, errants dans ses plaines, dans ses montagnes, de chaque côté de ses deux golfes, avait au moins choisi la déesse éclatante de la sagesse. Saint Saturnin, son premier évêque et son premier martyr, imposa silence à toutes les voix du paganisme, et dans la ville à peine chrétienne la charité commença ses miracles. Toulouse était, en effet, par excellence la ville charitable ; à chaque pas on rencontrait une chapelle, une église, un hôpital, une communauté, une pieuse fondation. La vie du cloître y avait été enseignée par saint Sylvius, par saint Exupère, qui fut le vainqueur des barbares,—et plus tard par saint Erembert, le disciple de saint Wandrille, saint Erembert, évêque de Toulouse et l'un des plus célèbres enfants de la savante abbaye de Fontenelle, la douce lumière de la Normandie. — D'autres évêques, dont les noms glorieux se retrouvent dans les *Actes des saints de l'ordre de Saint-Benoît,* avaient préparé, par leur dévouement autant que par leur courage, les destinées de l'Eglise confiée à leur garde. Que de synodes et de conciles tenus à Toulouse ! Que de donations des princes aux prélats, des consciences coupables au prêtre qui les pouvait racheter de la damnation éternelle ! Plus d'un évêque de Toulouse a porté l'épée et la cuirasse; plus d'une femme de Toulouse a quitté sa ville et sa maison pour aller se battre en Palestine. La croisade y devait enfanter des poëtes et des capitaines. Les hérésies mêmes ont profité à l'orthodoxie de la cité chrétienne. Le comte de Monfort et les Albigeois ont eu leur Homère inconnu, dont l'Odyssée est restée populaire; car rien ne saurait abattre les villes qui veulent grandir et les nations qui ne veulent pas mourir. Que disons-nous ? Toulouse se vantait d'avoir été l'un siéges du tribunal de la sainte inquisition; elle célébrait la fête de Saint-Dominique; elle a brûlé des hérétiques sur le bûcher traditionnel ! — Orgueilleuse, elle comptait, au premier rang de ses évêques, un petit-fils de saint Louis, Louis de Sicile ; un Bourbon, un Longueville, un Grammont, un Coligny, fils de Gaspard de Châtillon et de Louise de Montmorency ; un Armagnac des comtes d'Armagnac ; un Paul de Foix, naguère conseiller d'honneur au parlement de Paris et ambassadeur du roi à Venise ; un duc de Joyeuse, François II, qui fut remplacé par S. E. le cardinal Nogaret de la Valette, fils du duc d'Epernon et de Marguerite de Foix-Candale ; ce même cardinal de la Valette qui apprit la guerre au cardinal de Richelieu.

Donc le moyen, quand on est assis sur les premières marches de ce célèbre trône épiscopal qui touche à la pourpre, et dans le palais même des archevêques-cardinaux de Toulouse, d'accepter, comme autant d'articles de foi, les fantaisies d'une femme mondaine qui s'en vient faire violence aux plus saintes et aux plus antiques traditions? Quand bien même M. l'abbé de Ciron, à qui était confié ce grand diocèse, eût oublié à ce point la prudence du prêtre, pouvait-il oublier l'honneur du gentilhomme? Et pourtant ce même M. de Ciron, qui d'abord osait à peine jeter un regard épouvanté sur les *Constitutions de l'Enfance*, finit par les adopter une à une! En vain il résistait, il se débattait, il pleurait, il suppliait jusqu'aux larmes, tout passa, ou du moins peu d'articles furent effacés; oui, et même madame de Mondonville imposa à ce théologien la langue qu'elle avait créée, afin d'indiquer très clairement les nouveautés les plus hardies qu'une autre femme, moins violente, eût au moins dissimulées sous l'antiquité même de la forme. Par exemple, la *supérieure* s'appelait *madame!* les *vœux* étaient une *liaison*, l'*engagement* un *essai*. — On reconnut les *trois classes*, et, dans la première, *deux classes de noblesse*, à savoir : *l'épée et la robe*. — Il était parlé de l'*intendante*, de l'*économe*, de la *portière*, de la *maîtresse* et de la *sous-maîtresse des pensionnaires*, en un mot tout le dictionnaire laïque, et rien ne rappelait le cloître, le couvent, la cellule, la tourière, la mère abbesse. L'infortuné M. de Ciron, une fois qu'il eut étouffé les premiers scrupules, obéit jusqu'à la fin, et son premier châtiment ce fut de mettre son nom à cette monstruosité et de la présenter d'une main tremblante au cachet et à la signature épiscopale de monseigneur l'archevêque. Et quand enfin elle se vit *approuvée*, la triomphante madame de Mondonville se dit à elle-même qu'elle venait de faire un grand pas vers la réalisation de tant d'espérances.

Toutefois elle était loin encore de son but

car il lui restait à obtenir : 1° la bulle; 2° la confirmation du parlement de Toulouse; 3° l'approbation du roi.

Afin d'habituer peu à peu le diocèse et la ville à l'établissement projeté, elle sollicita et elle obtint, sans difficulté, une simple *ordonnance* de M. l'abbé Dumay, archidiacre de l'église de Toulouse, par laquelle ordonnance madame Jeanne, comtesse de Mondonville, était « autorisée à loger et à nourrir, dans sa maison, vingt jeunes filles choisies par elle; à nommer, de son propre mouvement et sans contrôle, à tous les emplois de l'institut; à mettre immédiatement en pratique, sauf révision, les *Constitutions*, vues, signées et approuvées de notre dit archevêque, et à signer à l'avenir : Jeanne de Mondonville, *supérieure perpétuelle de l'Enfance de Notre-Seigneur Jésus-Christ.* » Cette ordonnance était, en attendant mieux, une véritable investiture; aussitôt et sans obstacle, madame la *supé-*

rieure perpétuelle fut proclamée et reconnue dans toute la ville. Au même instant, elle songe à obtenir le *bref* du pape. — Il faut aller vous-même à Rome, disait-elle à M. de Ciron; il faut achever votre ouvrage! Voyez! notre œuvre, à peine commencée, est en pleine prospérité; nous avons déjà groupé, autour de notre personne, les plus beaux noms de Toulouse; nos écoles, entr'ouvertes, se remplissent; les malades et les pauvres nous implorent; les femmes les plus considérables sollicitent notre appui et nos conseils; nous avons pour nous le chapitre, les familles, les magistrats, le clergé : pourquoi s'arrêter en si beau chemin! Partez donc, et revenez bien vite, porteur de la bulle de notre saint-père; moi, je vais à Paris, et je reviens avec l'autorisation du roi. Ceci fait, le parlement n'aura plus qu'à enregistrer nos *lettres patentes*, et alors enfin je pourrai m'avancer librement dans la plénitude de mes droits et de mes dignités. »

Partir ainsi, porter à Rome ces *Constitutions*, qu'il savait pleines d'hérésies et de périls, se prosterner aux pieds du pape, baiser ses pieds sacrés et tromper sciemment le pontife infaillible, M. de Ciron voulut au moins décliner ce comble de l'audace. Il fallut partir... Il partit; et le jour même où il franchissait la frontière de Savoie, pour se rendre à ce rendez-vous solennel de l'univers chrétien, madame de Mondonville se rendait à Paris.

En ceci la dame était hardie, elle n'était pas téméraire. Elle n'allait pas à l'étourdie aux rayons du soleil levant, et même, dans le Versailles à peine éclos sous le souffle enchanteur de cette royauté juvénile, elle avait su, de si loin, se ménager aide, appui et protection. Le digne frère du grand Condé, M. le prince de Conti, une de ces têtes intelligentes à qui une couronne seule a manqué, était en ce moment, parmi tant d'autres dignités, gouverneur du Languedoc, et plus d'une fois, tantôt la disgrâce, tantôt les affaires de la province, l'avaient appelé à Toulouse, où il avait l'habitude de mener sa femme, une Mazarin, une des nièces du cardinal. Dans ce siècle où tous les princes se ressemblent, c'était un être à part, ce prince de Conti, élevé entre Gassendi et Molière, gai comme le philosophe, sérieux comme le comédien. Ses grâces, son bel esprit, sa science et sa doctrine, et ce coup d'œil lumineux qui embrassait toutes choses en mille replis exacts et rapides, cette agréable facilité de se faire aimer de la cour et aimer du peuple, d'être estimé à l'armée et à la Sorbonne, avaient fait de ce prince une des plus grandes fêtes du Midi enthousiaste, et quand ils habitaient Toulouse, lui et sa femme l'Italienne, on disait que les dieux de l'Olympe étaient descendus sur la terre. Il avait vu souvent madame de Mondonville, et il avait fait comme tout le monde, il l'avait aimée, il l'avait traitée en alliée et en amie; enfin il l'avait présentée à l'intendant du Languedoc, à M. d'Aguesseau et à madame d'Aguesseau, la digne femme d'un tel mari, *les grâces unies à la vertu,* disait M. de Coulanges. L'intendant et madame l'intendante n'avaient pas eu grand'peine à faire honneur aux recommandations de Son Altesse Royale, et d'ailleurs rien ne pouvait plaire et convenir davantage à madame d'Aguesseau que le caractère de franchise, mêlé d'élégance et de hardiesse, qu'elle avait trouvé en madame de Mondonville. Cette même madame d'Aguesseau, comme son mari était appelé à Versailles pour l'affranchissement d'une loi qui lui semblait injuste : — « Allez ! monsieur, lui dit-elle, oubliez tout, vos enfants, votre femme, votre charge, et ne songez qu'à l'honneur ! »

Ce fut donc, tout d'abord, une protection et une recommandation sans réplique, pour l'*Institution de l'Enfance*, lorsque l'on vit ce grand magistrat, M. d'Aguesseau, le plus honnête et le meilleur des hommes, l'éloquence même, la probité et l'exemple, confier l'éducation de sa fille unique à madame de Mondonville ; bien plus, cette jeune personne qui portait un si grand nom dans la magistrature française, la fille de tant de vertus et de si rares talents, quand il fallut quitter la maison de l'*Enfance*, dont la supérieure l'avait élevée comme eût fait sa propre mère, priait et suppliait pour qu'on lui permît d'y passer le reste de ses jours. Ainsi, du côté de M. l'intendant du Languedoc, pas d'obstacle, au contraire une sérieuse et judicieuse protection.

Madame de Mondonville avait d'autres appuis à la cour. D'abord elle avait pour elle les alliés et les amis de monsieur et de madame d'Aguesseau, ses protecteurs et ses répondants naturels ; elle comptait aussi sur l'amitié d'une belle Languedocienne, sa compatriote et son amie d'enfance, mademoiselle de la Mothe-Houdancourt, une des premières passions du jeune roi; le jeune roi grimpait au sommet des murailles pour le seul bonheur de causer un instant avec sa timide amoureuse, pendant que les deux espiègles filles, Marie Rousseau et Gabrielle Chamarante, écoutaient ces propos d'amour pour les redire à qui les voulait entendre, et que madame de Navailles, dame d'honneur de la reine, faisait griller, mais en vain, les fenêtres et les escaliers, les cheminées et les portes : inutiles remparts pour un roi de dix-huit ans et pour une fille d'honneur du même âge! Mademoiselle Houdancourt avait déjà disparu de ce monde des fêtes et des grandeurs; elle s'était retirée à Chaillot, dans le couvent des filles de Sainte-Marie, mais elle n'avait pas pris le voile, mais elle ne s'était liée par aucun vœu, mais elle était restée fidèle à son vrai roi, le beau marquis de Richelieu, et dans cette ombre, éclairée à la fois des calmes lueurs du cloître et des vives clartés du plus grand monde, elle pouvait rendre encore de grands services à ceux qu'elle aimait. — Madame de Mondonville avait aussi dans son portefeuille plusieurs lettres d'une recommandation puissante : une lettre de M. de Vardes pour madame de Montansier, gouvernante des enfants de France ; M. de Vardes, exilé à Toulouse pour quelques imprudences, avait conservé de bonnes relations à la cour ; — une lettre de M. le marquis de La Fare, gentilhomme du Languedoc : la lettre était adressée à M. l'abbé de Chaulieu, commensal de M. de Vendôme et de son frère le grand prieur, au Temple, dans cette maison d'Épicure et de l'*ordre des Coteaux!* le Temple, ce refuge naturel des esprits libres, des ambitions éteintes et des fortunes délabrées. Heureusement, comme contre-poison, que M. l'abbé de Ciron, dans son ardeur à remettre toutes choses à leur place légitime, avait écrit à M. Arnauld une de ces prières irrésistibles que s'adressaient d'un exil à un autre exil les disciples de Port-Royal. M. Arnauld entre le marquis de La Fare et l'abbé de Chaulieu ! Le théologien sévère entre les deux faiseurs de chansons ! N'oublions pas, parmi les protecteurs de notre belle aventurière, madame la duchesse de Chevreuse, une amie de la reine mère; comme elle passait par Toulouse, madame de Chevreuse (retirée plus tard chez les bénédictines de Montargis) avait été très étonnée et charmée de rencontrer dans cette jeune veuve, occupée de tant de bonnes œuvres, cette grâce mêlée de force, ce ton exquis et ce langage qui ne s'apprennent que dans le meilleur et le plus grand monde; et enfin ne faut-il compter le hasard, ce chevalier courtois qui ne manque jamais de se mettre au service des femmes d'une volonté ferme et d'un grand courage, lorsqu'elles s'en vont pour solliciter un jeune roi entouré d'une jeune cour?

D'ailleurs, et même abandonnée à ses propres forces, la supérieure de l'*Enfance* n'était pas femme à reculer devant l'entreprise commencée. A elle seule, elle se sentait assez forte pour n'être pas éblouie du soleil qui se levait à Versailles, parmi les rayonnements et les splendeurs les plus charmantes de la santé, de la royauté, de la jeunesse! C'était l'heure éclatante où le jeune roi marchait libre enfin, et dégagé d'une tutelle importune, dans les vastes sentiers de sa toute-puissance. Ce jeune homme, placé entre ces deux astres jumeaux, la paix des Pyrénées et la paix de Nimègue qui vit la France à son zénith, venait d'entrer dans cette existence d'apothéose qui n'a été, pendant plus d'un demi-siècle, qu'une suite, à peine interrompue, de songes splendides, au milieu des obéissances et des prosternations du genre humain. Il n'était pas encore *Louis le Grand*, il était déjà le *Père du Peuple* (ce fut son premier surnom); il était déjà le roi absolu, le fils du miracle, un miracle lui-même, après que sa mère eut été vingt-trois ans stérile! Donc une naissance qui touchait au ciel, un visage dont la vue seule était une récompense, un air d'empire qui eût fait reconnaître LE ROY parmi plusieurs millions d'hommes; un tact parfait, un jugement ferme, solide, décisif, également propre à faire la paix et à la rompre; une puissance sans bornes, et cependant d'un accès facile, une âme juste et fécondée par les plus nobles sentiments, et autour de cette personne sacrée un entassement incroyable de priviléges et de grandeurs, tel qu'il faudrait remonter à l'empire des Césars pour en imaginer de pareils.

Comptez, en effet, que de priviléges autour de ce siége d'or et d'argent, plus semblable à l'autel d'un Dieu qu'au trône d'un roi; combien de droits et de priviléges, mêlés à cette jeunesse, à cette abondance, à ces amours, à cette fête perpétuelle des palais à peine bâtis, des jardins à peine plantés et des eaux jaillissantes sous la baguette des fées invisibles! Tous les droits sont amoncelés à plaisir sous les pas de cet ami et compagnon de la Providence, de la fortune et de la gloire. Au-dessus de sa tête brille l'étoile de la maison de Bourbon, *qui n'a pas son égale sous le soleil;* il marche sur un champ d'azur, semé de fleurs de lis d'or tombées du ciel! Il porte légèrement ces lourds et éclatants fardeaux que personne, après lui, ne portera plus de la même façon royale : le manteau, la main de justice, l'épée, le sceptre et le diadème. Il est maître et seigneur; pas un être vivant en ce monde qui le précède; pas d'obstacles, non pas même un murmure, à la plus immense volonté; il est chef de la justice et maître des lois partout où elles s'étendent ; il fait grâce, il accorde le pardon, il réhabilite, il ennoblit, il confisque, il met au gibet et il en ôte ; il donne les offices ou il les vend, à son choix ; il fait des chevaliers, il fait des barons, des comtes, des princes, des ducs et pairs, des chevaliers du Saint-Esprit, des maréchaux de France ; il peut faire d'un enfant un vieillard, et toujours ce qu'il fait est bien fait, et toujours ce qu'il dit est bien dit. « Si veut le roi, si veut la loi ! » maxime d'État, et nul n'y trouve à reprendre ; il est la première pensée et la dernière exclamation de son peuple : — *Vive le roi !* voilà la prière de vingt-cinq millions d'hommes ! Le vaisseau qui s'abîme dans l'Océan crie au fond de l'abîme : Vive le roi ! Il est la source suprême de la renommée, de la gloire, de toutes les félicités d'ici-bas ; un mot du roi, on est sauvé ; un froncement de sourcils, on est perdu ; et pour accompagner dignement ce dieu tonnant dans son Olympe, une jeune reine, digne fille de l'Espagne, qui vient de donner à la France un dauphin et qui porte dans son sein triomphant un nouveau gage de ces noces royales ; en même temps, et tout ensemble, dans un pêle-mêle merveilleux de lumière, de gloire, de poésie et d'orgueil souverain, les grands noms, les beautés, les artistes, les soldats nombreux, les magistrats, les évêques, les princes de la jeunesse et les princes de l'Église, les grandeurs de la paix et les forces de la guerre; l'esprit, la sagesse, le talent, le mérite, la vertu, l'audace ; une profusion, j'ai presque dit une bombance sans mesure, de trésors, de millions, de chefs-d'œuvre, de perles, de diamants, de pierres précieuses, de vêtements d'or et d'argent; une imitation agrandie des rois, de la pourpre et des pompes de l'Asie ; une royauté qui au toucher guérissait les malades, qui eût ressuscité les morts! Telle était la puissance, telle était l'adoration dans cette foule domptée de princes Lorrains, de Rohans, de Guises, de Châtillons, de Montmorencys, de princes du sang; dans cette foule éblouie de peintres, de musiciens, d'orateurs, de poëtes; dans cette adoration et ce murmuré de la puissance, de la faveur, du génie, de la noblesse, de la fierté, de l'orgueil, de la science, des grands noms: Bossuet, Séguier, Achille de Harlay, Novion, Lamoignon, Scudéry, Pélisson, Sévigné, Conti, Bourbon, Condé, Vendôme; atticisme, urbanité, vigilance, honneur, prudence, toutes choses divines qui se résument en un seul mot: *la majesté!* un mot effacé, hélas, de l'histoire et de l'évangile des nations.

Autour du roi, qui grandit et qui marche, marchent et grandissent, chacun dans la sphère que Dieu et le roi lui ont tracée, les grands hommes qui seront l'ornement le plus précieux de ce règne des prodiges : Lebrun, Mansard, Lenôtre, Despréaux, La Fontaine, Boule l'ébéniste, Balin l'orfévre, enfants de la même famille; Molière, qui déjà médite *Tartufe,* le poëme le plus hardi et le plus grand événement du dix-septième siècle; Racine, l'Euripide de Versailles, prêtant l'oreille à ces charmantes et fugitives amours, pour en tirer des tragédies immortelles. C'est un enchantement, à vrai dire, ce Versailles qui a remplacé Fontainebleau, comme Fontainebleau a remplacé Saint-Germain; c'est la fête de tous les amours et de tous les arts. Qui que vous soyez, fussiez-vous l'évêque de Meaux lui-même, vous saluez d'un regard attendri la reine de ces beaux lieux (après la reine de France), mademoiselle de La Vallière, accablée sous le poids de sa tendresse et de ses remords, la pâle créature qui tremble, qui sourit et qui pleure ; l'infortunée attachée à ce joug, qui traverse d'un pied languissant cette foule superbe de chevaliers et de prélats, de poëtes et de seigneurs également prosternés à vos pieds tremblants, ô vous la maîtresse royale, si touchante dans votre repentir, touchante même dans ces sommets de l'adoration et des respects !

Eh bien ! à peine eut-elle respiré l'air enivrant de cette cour qui avait déjà fait tourner tant de têtes et perdu tant de vertus, madame de Mondonville ne se trouva pas étrangère dans ce monde à part, et elle en prit tout de suite la démarche, le silence, le parler, le tour ingénieux, l'exquise élégance. Elle vit passer sous ses yeux étonnés ces femmes, jeunes ou vieilles, dont le nom, mêlé à quelque aventure de politique, de dévotion ou d'amour, était, en ce moment, l'histoire de la France passée ou de la France à venir; elle les admira, non pas sans un certain sentiment d'émulation et d'envie, dans leur vieillesse encore redoutée, et dans leur jeunesse redoutable, ces très véritablement princesses et grandes dames qui étaient alors, ou qui avaient été naguère le charme, l'attrait et l'ornement de cette cour, une des créations du cardinal de Richelieu ; — les duchesses, espèces de reines, plus fières d'un tabouret au Louvre que les autres reines de l'Europe n'étaient fières de leurs trônes : les duchesses de Chevreuse, de Beauvilliers, de Roquelaure, la duchesse de Lude, la duchesse d'Usez, la duchesse de Sully, la duchesse de Villeroi, toutes les grandes entrées, et, entre leurs mères, fières de leurs filles : mademoiselle de Chevreuse et mademoiselle d'Ayen, mademoiselle d'Aubigné, mademoiselle d'Elbeuf, mademoiselle d'Armagnac, mademoiselle de Melun, mademoiselle de Lussan : la princesse d'Espinoy; mesdames de Villequier, de Guesbriant, de Châtillon, de Roucy et de Duras ; madame de Bouillon, sujette à Versailles, reine partout; mademoiselle de Fontanges, une fleur! la marquise de Coätquen, si fatale à M. de Turenne, et la belle Soubise, sa sœur, une maîtresse de l'interrègne, qui déjà tentait de reconstruire l'hôtel de Guise, trop étroit pour la fortune qu'elle rêvait; en un mot, la plus éclatante et la meilleure compagnie de la cour ! Puis tout à fait au sommet, non loin de la reine, entre mademoiselle de La Vallière qui finit, madame de Montespan qui commence; bien au-dessus de la grande Mademoiselle, isolée au milieu d'un si grand nom et d'une si royale fortune, apparaissait, brillante de la grandeur présente autant que des misères passées, Henriette Stuart, fille de Charles Ier, sœur de Charles II, petite-fille de France par sa mère, une des filles de Henri IV! *Madame Henriette*, comme dit Bossuet. Voici en trois mots l'histoire de cette infortunée : le poignard de Ravaillac ! la hache de Cromwell ! — la main de *Monsieur* et quelque lâche poison qui la devait emporter dans cette *nuit épouvantable*: «Madame se meurt ! Madame est morte ! » un cri qui retentit encore dans nos âmes, comme il a retenti sous les voûtes funèbres, en présence de ce cercueil rempli avant l'heure. — Vanité! vanité! vanité!

Nous indiquons, de notre mieux, ces éblouissements de Versailles, et dans le lointain, la reine mère, Anne d'Autriche, à soixante-cinq ans, imposant à ces jeunesses la chevalerie et le respect des vieilles années. Mais, vains efforts ! nous avons beau faire, toujours nous resterons au-dessous de ce merveilleux spectacle de la royauté à son apogée. Je l'essaie, et j'y renonce ! Je me perds au milieu de ces applaudissements, de ces bals, de ces tables servies à profusion, de ces fleurs, de ces jeux, de ces voyages, de ces écrins, de ces couronnes, de ces divertissements où danse le roi lui-même, de cette joie, de cette magnificence et de cette féerie à laquelle rien ne manque, sinon la vraisemblance. — Un roi « semblable à David et à tant de grands pécheurs qui sont maintenant en paradis ! » s'écriait M. de Colbert [1].

Dans ce tumulte des plus immenses dignités et des plus extrêmes prétentions du royaume, la supérieure de l'*Enfance* ne perdit ni le sang-froid, ni le courage. Elle parut, et la cour fut à ses pieds. Elle avait l'équipage et l'habit d'une duchesse, et dans toute sa personne un si grand air de modestie et de commandement, tant de calme dans le regard, mêlé aux vives ardeurs du Midi, qu'il sembla à tous et à chacun que cette dame n'était pas une étrangère à Versailles; grâce à son nom, à tant de recommandations éloquentes, et surtout grâce à sa beauté, elle fut entourée et saluée par les plus grands seigneurs de céans. Pour la mieux voir, M. de Lauzun oublia de faire le beau devant la grande Mademoiselle, qui se prenait à la glu de son insolence et de son pâle visage; pour la mieux voir,

(1) *Testament politique de messire Jean-Baptiste Colbert.*

M. le duc de Luynes, qui venait de quitter Port-Royal, afin d'appartenir tout entier à mademoiselle Anne de Rohan, négligea mademoiselle de Rohan elle-même, pendant que le fils de M. de Colbert manquait la sarabande qu'il devait mener avec mademoiselle de Bournonville; elle s'en souvint, et elle passa avec armes et bagages à M. le duc de Noailles, qui en fit la duchesse de Noailles. Qui le croirait? M. de Saint-Aignan lui-même, le confident intime du roi, négligea un instant ses importantes fonctions, pour suivre à la trace la belle religieuse de Toulouse; enfin M. le chancelier Séguier, qui aimait tant les beaux livres et si peu les dames, M. le chancelier en simarre, perça cette cohue de cordons bleus et de duchesses, pour mieux voir et contempler plus à l'aise madame de Mondonville; en un mot, pas une femme n'avait produit une sensation plus vive, dans une cour plus enthousiaste et plus nombreuse, depuis la première apparition de madame de Mazarin que l'on appelait tout haut la plus belle personne de l'univers, et qui finit..... Dieu le sait! et aussi cet homme, orné d'une loupe, proscrit à l'eau de rose, philosophe de parade, bel esprit manqué, l'ami de Ninon, l'amant d'Hortense, le trop heureux M. de Saint-Evremont.

Madame de Mondonville fut présentée au roi par madame de Chevreuse, dans la galerie des glaces; le roi s'arrêta devant elle, et l'on put voir que Sa Majesté la saluait de la tête et du chapeau. — « Madame, lui dit-il après un profond silence, vous avez de nombreux amis à Versailles... Elle ressemble à madame de Montespan, » fit-il en marchant toujours et la tête tournée, comme s'il eût regretté de s'éloigner! Ce nom prononcé tout haut fut comme une révélation; à dater de ce moment, madame de Montespan, la Diane de Fontainebleau et de l'été de 1666, devint le regard de toute la cour, et l'on peut dire que le soir de ce même jour mademoiselle de La Vallière a bien pleuré.

Quand le roi eut ainsi accueilli, de son plus aimable sourire, la belle religieuse de Toulouse, personne n'hésita plus à l'entourer et à la fêter comme une personne en grande faveur; et vraiment il fallait que le roi eût touché juste, puisque les talons rouges, les marquis de l'Œil-de-Bœuf, les cadets de Gascogne et les turlupins de la cour, accoutumés à flairer et à suivre la fortune, et dont le rêve unique était d'être vus du prince, firent cercle autour de cette femme qu'ils eussent à peine honorée, la veille, d'un regard dédaigneux. Ils étaient là les uns et les autres, étalant leurs grâces et leurs justaucorps à brevet : Nogent, Brouilly, Troisville, Thaulon, La Salle, Saulx, Revel, Dumesnil, Fervaques, un des amoureux de la duchesse d'Olonne; Manicamp, Tilladet, Biran, Roquelaure, Roussi, Caderousse, Montmorency-Luxembourg, le fils du feu comte de Boutteville, toutes sortes de maréchaux de France en herbe et en fleur, qui s'amusaient à battre le guet sur le Pont-Neuf et à détrousser les passants dans les rues, en attendant les batailles à venir ; au rang des courtisans les plus empressés se montrait le marquis de Saint-Gilles, un des rois du bel air, qui faisait l'empressé plus que les autres, souriant d'un air modeste à sa belle compatriote. Ce sourire voulait dire beaucoup ; heureusement que madame de Mondonville en comprit la portée, et qu'elle écrasa d'un regard superbe la présomption de ce grand vainqueur !

M. de Saint-Gilles, se voyant méprisé si ouvertement dans le lieu même où il avait le plus besoin d'être compté pour quelque chose, entra dans une de ces rages sourdes qui s'exhalent de l'amour-propre blessé, et il s'en vengea à sa façon, par des rires cachés, des commentaires, des anecdotes de sa province; il dit de mademoiselle de Julliard et de M. de Ciron toutes sortes d'histoires, et il rencontra naturellement, pour applaudir à ses saillies, des hommes méchants et des femmes envieuses de toute beauté, véritables pestes de cour, madame de Mailly, par exemple, qui excellait à saisir si plaisamment les ridicules, même où le ridicule n'était pas, et la bonne madame d'Arpajon, noyée d'affaires et de procès, qui avait été maltraitée par le parlement de Toulouse et qu'on appelait la *duchesse des Bruyères*, par ricochet.

A Paris, la destinée de madame de Mondonville fut la même qu'à Versailles; elle rencontra à la ville la faveur qu'elle avait trouvée à la cour, et aussi les mêmes résistances; elle fut calme à toutes les avances, indifférente à l'ironie; si par hasard elle se laissa éblouir, un instant, par ces miracles de la toute-puissance, de la poésie et de l'amour, si elle s'abandonna à ces fêtes qui semblent tenir à la majesté même des grandes couronnes, elle rentrait bien vite en elle-même, et elle se disait qu'elle n'était pas faite pour jouer le rôle subalterne dans ces pompes galantes, qui avaient pour acteurs les victoires, les conquêtes, les passions, les chefs-d'œuvre et les batailles d'un si grand siècle.

Son bon sens même, autant que son orgueil, aurait suffi à la préserver de la contagion ; elle était née, avant tout, honnête femme, et la galanterie lui eût semblé la pire des servitudes. Quand donc elle se trouvait tentée de rester dans cette capitale du luxe, de l'esprit et des élégances, elle n'avait qu'à se répéter tout bas les licences et les misères des femmes à la mode, et soudain elle revenait, avec une ardeur nouvelle, à son rêve, la royauté de la maison de l'*Enfance*. Où en étaient, déjà à cette heure, tant de coquettes illustres dont le nom seul était un scandale ? la duchesse d'Aumont, la duchesse de la Ferté, et l'autre sœur, la duchesse de Ventadour? la fable de Paris et le jouet de Versailles! Où en était venue madame de Rambures, obligée de marier sa fille à un pied plat, pour refaire quelque peu sa fortune? Et mademoiselle de Laval, mariée au duc de Roquelaure, et son histoire prenant place dans la bibliothèque bleue de la veuve Oudot! —Tant de jeu effréné,— tant de femmes vendant leurs pierreries pour payer les dettes de leurs amants, quand elles ne se dépouillent pas pour leur propre compte. — Le jeu de l'ambition poussé à ses dernières limites; — des pamphlets, des chansons obscènes, dans lesquelles rien n'est épargné, ni personne; — la province remplie des amours de madame de Bagneux et du chevalier de Fosseuse, des amours de madame de Monglas et de M. de Bussy, des amours de madame de Bussy et de M. Saint-Aignan. —Pauvres femmes! disait tout bas madame de Mondonville, quand elle se rappelait le refrain de ces noëls libertins :

> En est-il d'assez fières
> Pour se faire prier?
> D'autres assez sévères
> Pour ne rien octroyer?
>
> Dans toutes les ruelles
> Des différents États,
> On a vu les plus belles
> Faire les premiers pas.
>
> Comment font les coquettes
> Qui n'ont point d'agrément,
> Et qui, comme allumettes,
> Brûlent pour un amant?
>
> Dans le siècle où nous sommes
> Chacun est indigent ;
> Elles trouvent des hommes
> Quand elles ont de l'argent !

Plus elle assistait à ces déshonneurs, et plus elle se confirmait dans la ferme volonté d'être honorée et honorable jusqu'au bout.

V

Cependant, malgré sa bienveillance pour madame de Mondonville, le roi, après un mois d'attente et de sollicitations, n'avait pas encore approuvé et signé les *Constitutions de l'Enfance*. Non pas qu'il fût en doute, le moins du monde, du piége où il allait tomber, mais dans toutes les affaires qui tenaient aux choses de la religion il était la prudence même, et la moindre nouveauté lui faisait peur. Même dans ces bouillantes années qui séparent mademoiselle de La Vallière de madame de Montespan, ce roi absolu n'a pas perdu de vue un seul instant la grande ambition de sa vie, ce qu'il regardait comme la sûreté de sa couronne royale et de sa palme céleste, l'unité de l'Eglise de France, le respect de l'autorité royale, la réunion des diverses religions qui se partageaient son royaume.—Un Dieu! une foi! un roi! tel était son Evangile; il était, tout ensemble, le prêtre et l'idole; aussi avait-il sans cesse près de lui, sous ses yeux, son conseil de conscience, son confesseur, qui était le saint Pierre auquel il avait confié les clefs qui ouvraient et qui fermaient le paradis du côté de la France. Que de nuits amoureuses ont été troublées à Versailles du murmure des protestants, des exigences de la compagnie de Jésus, des résistances de Port-Royal! Le confesseur du roi, quand venait Pâques et l'heure de la réconciliation pascale, pouvait bien se cacher pour n'être pas vu et fermer les yeux pour ne pas voir; mais à la première angoisse de l'Eglise une et indivisible, le confesseur se montrait au roi, et le poursuivait jusqu'au lit de sa maîtresse, jusqu'au berceau de ses bâtards. Ainsi le voulait l'ordre de ce règne, troublé en naissant par tant de dissensions funestes, et que le roi n'a jamais oubliées, non pas même aux heures de l'amour sans contrôle et de la gloire enivrante, ni pardonnées, non pas même à l'heure de l'agonie et du repentir! Protestants, jésuites, jansénistes, ont plus agité la vie royale que toutes les menaces de l'Angleterre et de l'Autriche; elles l'ont plus inquiétée que la succession même de l'Espagne; il a été plus animé à briser Port-Royal qu'à défendre son royaume, plus jaloux d'agrandir la puissance des jésuites que sa propre monarchie; il savait que les premiers avaient conquis les âmes libres, les esprits inflexibles, les révoltés, les ennemis naturels de cette autorité qui brise l'âme, et il trouvait qu'il était d'une bonne politique d'entourer les seconds d'aide et d'appui, de bienveillance et de faveur, afin que par la grâce et l'urbanité de leur langage, par leur dévouement et leur abnégation à élever la jeunesse du royaume, par leur autorité paisible, constante, régulière sur les esprits et sur les consciences, par leurs voyages, leurs talents, leurs missions lointaines, leur bel esprit quelque peu mondain, leurs découvertes précieuses dans les sciences et les beaux-arts, ils pussent contrebalancer le christianisme farouche, inflexible, sans pitié de la cruelle vallée de Chevreuse, où s'étaient inspirés l'abbé de Saint-Cyran et le cardinal de Retz, madame de Longueville et la mère Angélique Arnauld, les uns ennemis de sa couronne, et les autres dont la tenue austère avait été pour sa jeune royauté comme un reproche muet et une condamnation terrible. Aussi, pendant cinquante ans de ce long règne, rien que le soupçon de jansénisme fut un titre de proscription sans examen, sans information et sans ressource. M. le duc de Grammont recommandait un jour un de ses amis : « Je le crois janséniste, dit le roi. — Lui, sire ! c'est à peine s'il croit en Dieu. — Ah ! vous m'en direz tant. » Et le protégé de M. le duc de Grammont eut la charge qu'il sollicitait. Cela vous étonne ? moi, non. Le bon sens du roi lui disait qu'au fond de ces disputes s'agitaient les désordres et les libertés de l'avenir.

Donc on peut dire, sans vouloir excuser ou justifier tant de violences, que le roi défendait encore plus son trône que son Église. Il eût dit volontiers : *La religion, c'est moi !* Et dans le fond il n'en connaissait pas d'autre, tant il était sûr que Notre Seigneur Jésus-Christ lui devait du retour pour les bienfaits dont le roi de France l'avait comblé. Ainsi le confesseur du roi était un secrétaire d'État tout autant que M. de Louvois ou M. de Colbert ; le confesseur, roi absolu, perdait et sauvait d'une parole. Il avait des acolytes, des flatteurs, des espions, un pèr Verjus qui jouait près de lui le rôle du père Joseph auprès de Richelieu ; le *confesseur* faisait trembler l'archevêque de Paris, et par l'archevêque, président des assemblées du clergé, il pesait sur tout le clergé de France ; il tenait dans ses mains les évêchés, les prieurés, les abbayes, toutes les grâces. Il eût été difficile et mal séant de résister à ce grand pouvoir de l'État, et bien peu, en effet, avaient tenté de secouer le joug, non pas même les maisons les plus anciennes, les plus illustres et les plus grandement alliées ; la maison de l'Oratoire à demi janséniste, et la Sorbonne à demi moliniste, tout autant que Saint-Sulpice, rempli de prêtres plébéiens et très hostiles au grand clergé, tremblaient également et se prosternaient aux pieds du prêtre tout puissant qui, dans les ténèbres du tête-à-tête royal, lançait ou retenait la foudre à son gré.

Ce qui sauva le projet des *Filles de l'En-*

fance, ce fut le grand art avec lequel la supérieure échappa aux jésuites de Toulouse. Dans les démêlés que la compagnie avait eus au parlement, contre l'Université de France qui défendait ses écoles, M. de Julliard, le père de madame de Mondonville, alors avocat général, avait conclu pour la société; elle-même, la supérieure de l'*Enfance*, avait toujours témoigné aux bons pères une grande déférence, et ils ne faisaient pas un doute qu'elle ne plaçât sa maison sous le contrôle de leur ordre, qui remplissait le Midi de sa toute-puissance. Voilà comment elle ne fut pas dénoncée au *Conseil de conscience;* et quand le roi eut demandé à l'archevêque lui-même et au nonce apostolique quel était cet abbé de Ciron qui avait dressé ces *ordonnances,* le roi les signa enfin, sans se douter qu'il venait d'enfoncer une épine dans sa couronne.

En effet, madame de Mondonville comprit bien vite que la lutte, sinon la victoire, dans l'œuvre qu'elle allait tenter, serait inévitablement du côté de Port-Royal et de tant de grands hommes, l'honneur de l'Eglise militante. Elle comprit que ce n'était pas la peine d'être vaillante, hardie et brave, pour se courber, comme une fille repentie, ou comme une amoureuse délaissée, sous la religion ignorante de [ce roi présomptueux qui ne connaissait pas d'autre Évangile que son propre Évangile. Son cœur lui parlait en faveur de cette secte insultée si souvent, proscrite à tant de reprises, qui avait l'éloquence, qui avait l'estime, qui avait le respect, dont le grand crime était d'avoir suivi sans pitié les voies du ciel ; en vain ces frères et ces sœurs de l'abbé de Hauranne avaient été frappés par la cour de Rome et par la cour de France, frappés dans leur vie et dans leurs libertés, dans leur honneur et dans leur fortune ; en vain l'archevêque et la Sorbonne les avaient désignés au mépris et à la haine du monde catholique : ils avaient résisté, comme résiste la conscience, à tant de menaces, à tant d'injures et de violences, et l'autorité se brisa comme verre contre cette force venue du ciel. C'était donc un beau parti à continuer et à soutenir, c'était un rôle immense à jouer dans l'Église de Toulouse; et enfin quelle fière devise, et bien faite pour cette femme altière, cette devise même de Jansénius : — « *Nous faisons sur-le-champ, c'est notre droit de chrétien, ce qui nous plaît le plus!* »

Comme elle était prudente autant qu'habile, elle avait attendu la signature du roi avant de voir M. Arnauld. M. Arnauld était en disgrâce, il se cachait, et elle pouvait tout perdre à venir relancer, dans sa retraite, ce révolutionnaire convaincu, qui le premier, sans le savoir et sans le vouloir, ouvrit la porte à la Révolution de 1789; car voilà l'aïeul de la *Déclaration des droits de l'homme*, M. Arnauld ! voilà la première

Assemblée constituante : Port-Royal du Saint-Sacrement! Personne ne s'en fût douté il y a deux cents ans, sinon le roi Louis XIV et avant lui le cardinal de Richelieu.

M. Arnauld! Cette image est grande et neuve! Elle a échappé, Dieu soit loué! aux arrangements des romanciers; elle s'est tenue à l'écart de ces inventions puériles; ombre austère, digne de l'âme et du corps de ce héros des batailles dogmatiques. Aujourd'hui ce nom est resté... un nom! Rien de plus; rien que ce bruit confus après tant de labeurs, après cette lutte acharnée qui se prolonge au delà de l'exil, au delà du tombeau. Pourtant à ce grand nom d'Arnauld se rattachent les souvenirs d'une ferveur qui touchait à l'audace, d'une résistance voisine de la révolte. En voilà un aussi qui peut dire : *Ma vie est un combat!* le combat du stoïque chrétien pour les couronnes immortelles. Eh quoi! ce génie et ce courage, ce beau latin des grandes époques, cette prose française qui a frôlé la langue des *Provinciales*, ce théologien indomptable, cette âme indomptée, ce rude joûteur à qui rien ne résiste, ce soleil sous le boisseau, cet infatigable et énergique vieillard qui a laissé plus de livres que Voltaire et qui est mort le jour même où Voltaire venait au monde (le profane héritier qui chante ses victoires sur les saintes poussières!), voilà donc où il en est venu de nos jours!... à peine quelques habiles gens auraient pu dire, il y a dix ans [1], quel était ce M. Arnauld, *docteur de la maison et société de Sorbonne.*

Jeune homme, il écrivait des poëmes; il traduisait en latin, œuvre inutile, la prose savante de Balzac; il soutenait des thèses qui le rendaient déjà célèbre; il prenait en main la défense de l'abbé de Saint-Cyran,

---

(1) Avant l'*Histoire de Port-Royal*, ce beau livre de M. Sainte-Beuve.

son maître vénéré; il attaquait Antoine Sirmond, il répondait à René Descartes, il examinait la morale des jésuites; enfin il écrivait ce livre fameux : *De la fréquente Communion*, qui a laissé dans les esprits et dans les âmes des traces aussi profondes que les premières révoltes de Luther. Il a fait plus, il a résisté au cardinal de Richelieu, qui l'enfermait dans le donjon de Vincennes; il a été juge et censeur souverain de toutes les opinions de son temps, en France, en Allemagne, en Espagne, en Italie, partout. Plus d'une fois, le pontife romain, au sommet du Vatican, avant de lancer une de ces bulles qui tenaient également attentifs les rois et les peuples dans l'Université du monde catholique, s'est pris à hésiter, lui l'infaillible, et à se demander : *Que va dire M. Arnauld?*

Les censures, les difficultés, les sermons, l'explication des psaumes, les traditions, les décrétales, l'histoire ecclésiastique dans son ensemble et dans ses détails, les vérités et les erreurs, les opinions et les systèmes, tel était le domaine de ce vaste esprit, et jamais esprit plus vigoureux et plus puissant ne s'était abattu dans un champ clos plus digne de sa science et de son courage. « Seigneur ! Seigneur ! disait saint Augustin, faites-moi combattre pour la vérité jusqu'à la mort ! » *Jusqu'à la mort ;* oui, certes, M. Arnauld eût donné sa vie pour la *Doctrine.* Ce fameux docteur, qui s'est fait un si grand nom dans la propagande janséniste par sa vertu, par son courage, par la multitude incroyable de ses lettres, explications, motifs, commentaires, apologies, réponses [1], plaidoiries, satires et pamphlets, dans un redoublement infini d'éloquence, de fermeté, de bon sens, de verve impérieuse, de volonté, a rempli le monde catho-

---

(1) *Œuvres de M. Arnauld,* 42 tomes in-4°, 1775.

lique de ses cris, de ses menaces, de ses réprimandes, de ses louanges, de ses exhortations, de ses conseils, de ses foudres, de ses éclairs; M. Arnauld partage ce privilége avec le roi lui-même, il est partout, et partout vous le trouverez également prêt à l'attaque et à la défense; ardent au blâme, lent à la louange, prompt à la censure, éclairant de son cruel flambeau les ténèbres, les cavernes, les haines, les mensonges; brutal et violent, quand il est nécessaire d'ajouter à la raison; féroce avec de grands dons pour l'ironie; très grand seigneur en certaines occasions; prenant tous les langages, tous les styles et toutes les formes; résistant aux évêques, aux ministres, au pape, aux conciles; provoquant les magistrats, regardant en face l'autorité royale qu'il appelle *une tyrannie!* Prodigue de ses veilles, de sa santé, de sa fortune, de sa vie, rien ne lui coûte, pourvu qu'il marche dans sa voie, pourvu qu'il obéisse à sa propre vérité, qu'il sauve le droit de dire tout haut ce qu'il pense tout bas, non, rien ne lui coûte, quand même il devrait s'enfuir en Hongrie, *sous la protection du Grand Turc !* On n'a plus l'idée, même confuse, de cette audace et de cette persévérance. Dieu ne fait plus des caractères de cette hauteur. Aussi chaque affligé, dans ce siècle où la liberté humaine est comptée comme un fléau, appelle M. Arnauld à son aide, chaque doute lui est soumis; il est le directeur absolu des âmes et des consciences. Louis XIV, dans toute sa gloire, eut raison quand il se prit à être jaloux de cette autorité immense, dont sa toute-puissance royale n'a jamais approché. — *L'État, c'est moi !* disait-il, et il ne disait que la chose vraie; mais la conscience des peuples, la croyance, la vraie doctrine, j'en suis fâché pour vous, sire! c'était M. Arnauld.

Certes la démarche de madame de Mondonville était généreuse et hardie quand, ses *Constitutions* à la main, elle s'en vint se placer fièrement sous la protection de cet exilé, de ce proscrit, de ce vaincu, de ce disgracié, de ce pervers! L'illustre docteur était, en ce moment, exposé à toutes les vengeances. Sa maison était ruinée, sa fortune était tombée, sa famille entière était dispersée çà et là, comme la paille emportée par l'ouragan furieux. Eh quoi! sa vieille mère avait été arrachée des saints autels qu'elle embrassait de ses mains suppliantes; eh quoi! toutes ses sœurs, et toutes ses nièces, autant d'enfants de son âme, des saintes ici-bas, attendues dans le ciel, avaient été emportées par les sbires de l'archevêque et du lieutenant criminel! Eh quoi! cette abbaye du Saint-Sacrement, à laquelle il avait donné tout son bien, elle avait été ruinée et dépouillée jusqu'en ses fondements; l'arbre avait été arraché du jardin, le Dieu de l'autel, le cadavre du tombeau, et sur ces murailles renversées on avait semé le sel des régicides ! Ainsi cette plaie de Port-Royal, foulé aux pieds, était toute vive et saignante dans l'âme et dans le cœur de M. Arnauld. Il songeait (on était pourtant dans la *paix de l'Église*), il songeait, non pas sans de profonds soupirs et des larmes amères, aux destinées douloureuses de sa chère vallée, solitude envahie par les armes ! silence interrompu par le blasphème ! étude, piété, dévouement, abnégation, tout ce qu'on pouvait rêver de bon, de vertueux et de sincère dans les plus honnêtes cœurs, tourné en exécration et en crimes, et ces voix éloquentes, « glorifiant « le Père céleste d'une même bouche et d'un « même cœur, » s'éteignant dans les sanglots !

Mais celui-là, homme, roi, pontife, qui devait abattre M. Arnauld, n'était pas de ce monde; au contraire, on eût dit que l'adversité retrempait son courage. « Je voudrais un peu me reposer avant la mort, disait un jour le bon Nicole. — Nous reposer! reprit M. Arnauld; y pensez-vous, monsieur? Nous avons l'éternité pour nous reposer! »

Il reçut madame de Mondonville comme un allié qui lui serait tombé du ciel. Quoi d'étonnant? Elle lui était présentée [1] par l'abbé de Ciron, l'abbé de Ciron qui avait écrit la préface du livre *De la fréquente Communion!* Quant à relever les erreurs des *Constitutions de l'Enfance*, M. Arnauld ne daigna pas jeter les yeux sur un travail signé de ce même M. de Marca qui avait dressé ce fameux *Formulaire* tout rempli de trappes et de piéges cachés, où les plus forts esprits seraient tombés, sans l'assistance du ter-

---

(1) *Apologie pour les religieuses de Port-Royal* (1665). — *Mémoire sur le partage que j'ai dû faire du revenu des religieuses de Port-Royal.* — *Mœurs abrégées des religieuses de Port-Royal.* — *Diverses choses pour traiter l'affaire de Port Royal,* etc.

rible docteur. « M. de Marca ! s'écriait-il, M. de Marca, votre archevêque ! Ah ! madame, que je vous plains ; vous êtes soumise à un faussaire ! Heureusement que M. de Ciron pourra réparer et corriger les violences et les perfidies de M. de Marca [1] ! »

Puis une fois lancée, et comme elle se sentait écoutée à plaisir, cette âme pleine de haine peut-être, mais à coup sûr de regrets et d'amertume, s'abandonna à toute sa douleur. Madame de Mondonville l'écoutait avec indignation et épouvante ; lui cependant, imprudent et enthousiaste, il oubliait

---

(1) On aime à retrouver le nom de ses héros dans les livres authentiques ; Racine parle de M. de Ciron et de madame de Mondonville dans ce chef-d'œuvre (complété plus tard) intitulé : *Histoire de Port-Royal*. « Et plût à Dieu, dit-il, que l'animosité des jésuites contre l'abbé de Ciron se fût arrêtée à sa personne et ne se fût pas étendue sur un saint établissement de filles, les *Filles de l'Enfance*, dont M. de Ciron avait dressé les constitutions, et qu'ils ont eu crédit de faire détruire, au grand regret de la province de Languedoc, et de toute l'Église même, qui en recevait autant d'utilité que d'édification ! »

les dangers et les incendies que pouvait contenir sa parole, et rien ne l'avertit qu'il parlait à une femme jeune, altière, facile à la révolte, qui avait comprimé toutes les passions de la femme, moins l'orgueil! Il n'eut donc rien de caché dans les injustices qu'il avait souffertes, dans les violences qui les avaient frappés, lui et les siens; il dit tout; il entra, frémissant encore d'une colère chrétienne, dans les longs et cruels détails de l'agonie de Port-Royal; les haines de la société de Jésus écrasée par l'éloquence de Pascal; les rancunes du roi; les embûches de l'archevêque, les trahisons de M. de Marca et de son formulaire, les cruautés du docteur Grandin et les lâchetés de la Sorbonne; il entra, d'une voix ferme et indignée, dans les détails de la dernière persécution : l'anathème, le guet des criminels envahissant la maison et l'Église, les commissaires répandus dans les cellules épouvantées, deux cents archers, le mousquet sur l'épaule, emportant, d'une main impie, ces femmes vénérables qui ne se défendaient que par des larmes. On n'eût pas maltraité davantage des filles immondes, soumises, par leur profession même, au lieutenant de police ! De par le roi ! l'archevêque, leur injuste supérieur, leur avait refusé leur dernière consolation sur la terre, la participation des sacrements. Et de quel droit ? Du droit de la force ! Et pourquoi ? — Ces infortunées avaient refusé de condamner un livre qu'elles n'avaient jamais lu, et que l'archevêque lui-même n'avait pas lu !

Ce récit de M. Arnauld devait être, dans sa bouche éloquente et sérieuse, quelque chose d'immense ; lui-même il avait été le prétexte et la cause involontaire de ces violences, il avait été le témoin indigné, mais impuissant, de ces cruautés sans exemple ; sa conscience d'honnête homme et de chrétien se révoltait à l'infini, contre cet abîme de l'égoïsme royal dans lequel disparaissaient, écrasées sans pitié, la vertu, l'innocence, la résignation des serviteurs et des servantes les plus fidèles de Jésus-Christ. A mesure qu'il racontait, à cette femme inconnue et sympathique, ces violences et ces tortures, sa voix austère prenait, chose étrange! un accent plaintif; ses yeux éteints par le travail et enflammés par les veilles se remplissaient de larmes amères; ses nobles mains, si souvent jointes pour la prière, s'agitaient, irritées, comme pour une malédiction. Logicien terrible, formidable chrétien, humble par lui-même, superbe jusqu'à l'insolence quand il s'agit de ses sœurs et de ses frères, pourtant il avait eu sa grande part dans ces injustices et dans ces outrages! Plus d'espoir! plus de liberté! plus de famille! plus de patrie et plus de fortune! Qui lui rendra son Église, sa solitude bien-aimée, et ce sanctuaire que Dieu avait choisi pour y déposer les dons les plus précieux de son esprit et de sa grâce? Qui lui rendra cette société excellente de toutes les vertus et de tous les génies les plus divers et les plus rares; merveilleuse république, dans laquelle le capitaine et le solitaire, l'artisan et l'orateur, la duchesse altière des guerres civiles et l'humble servante élevée à l'ombre du cloître, se confondaient dans la même soumission aux lois de l'Évangile éternel qui élève les humbles pour mieux abaisser les superbes. « Miracle d'une date récente! » comme disait saint Augustin en parlant de la vie de saint Antoine : *Tam recenti memoria!* Et maintenant le voilà frappé de la foudre, ce chêne de Port-Royal qui portait jusqu'au ciel des fruits si abondants et si précieux : la justice, la paix, la vérité, la force et la patience, la bonté, l'humanité, la persévérance à souffrir, la douceur, la foi, la modestie, la continence, la chasteté : arbre immense que les anges reconnaissaient à ses fruits. *A fructibus cognoscetis eos!*

« Ah! s'écriait M. Arnauld, je puis bien dire que notre douce vallée était le paradis sur la terre! la pauvreté, la discipline, le travail, l'austérité, la méditation et la prière, entretenaient en ces lieux divins cette joie sainte et féconde, cette espérance animée, cette charité vivante, qui rendent si léger et si doux le joug du Seigneur! Comme on était loin du siècle et de ses maximes! Comme chacun de nous avait oublié les vanités du nom et de la gloire! Majesté sans pompe et sévère, une piété ineffable, la prière semblable aux cantiques qui se chantent à la droite du Seigneur. O vallée! ô Chevreuse! ô notre lac paisible, entouré de bois et de montagnes! jardins où l'onde glissait doucement, église à l'humble clocher, murailles défendues et protégées par le respect de tous et la reconnaissance des pauvres gens; hélas! hélas! les soldats du lieutenant civil ont renversé le chœur, et la nef aux douze arcades, et notre autel, et notre Cène de Philippe de Champagne; ils ont brûlé nos moissons, pillé nos granges remplies, abattu nos forêts, renversé nos tombeaux ! » — Ainsi il parlait, se parlant à lui-même et murmurant des vers qui lui revenaient en mémoire :

> Quel exemple de patience
> Fais-tu voir, en nos jours, ô port de sainteté !
> Tes vierges, pour avoir chéri la vérité,
> Succombent sous les traits d'une injuste vengeance¹!

Puis, comme s'il revenait après un songe :

« Vous êtes de Toulouse, madame; avez-vous connu le marquis de Saint-Gilles, pour votre malheur? »

Et comme madame de Mondonville, frémissante, hésitait à répondre : — « C'est lui, reprit-il, c'est le marquis de Saint-Gilles, qui est venu, au nom du roi, pour accomplir ce sacrilége! Il a chassé à coups

---

(1) *O portus sacer, ingens*
     Exemplum patientiæ !

d'épée nos enfants, nos prêtres, nos docteurs, nos mères, nos filles et nos sœurs; il a renversé ce terrible arsenal de la foi chrétienne encore tout brûlant des grandes disputes et des triomphes solennels! Il a épouvanté les novices! Il a frappé les solitaires, il a dispersé les confesseurs! Honte sur cet homme! Il a été fort contre des vieillards, contre des enfants et des femmes sans défense, et il est venu faire sa cour de leurs soupirs, de leur sang et de leurs larmes! Honte à lui! Il a dispersé les brebis et les pasteurs au delà du Cédron, *transferentem Cedron;* il a jeté ces cendres et ces poussières aux quatre vents du ciel! Si jeune et si pervers! si cruel et si lâche! — Il a vu, à ses pieds, et sans pâlir, les vierges et les martyrs, lui demander une heure de répit, afin d'adresser, en commun, une dernière prière... et il les a repoussés du pied! Alors les plus heureuses d'entre mes sœurs sont mortes de douleurs et de misères, les autres ont été violemment séparées et pour ne plus se réunir que dans le ciel ! »

Ce fut, en effet, la plus grande tyrannie qui se pût commettre, la dispersion du petit troupeau de Jansénius. Dans tous les couvents et dans toutes les villes de France on les transporta, une à une, et sans pitié pour la jeunesse, non plus que pour le grand âge : à Meaux, à Saint-Denis, à Nevers, à Rouen, à Moncenis, à Blois, à Chartres, à Compiègne, dans les couvents d'Amiens, d'Autun, de Lyon, de Vienne. A la Visitation du faubourg Saint-Jacques, aux Ursulines, aux *Filles Bleues* (le lieu le plus cruel), aux Carmélites, furent déposées les *hérétiques* de Port-Royal de Paris et de Port-Royal-des-Champs, où elles furent traitées, non pas en sœurs, mais en rebelles. Seule entre ces abbesses cruelles, la supérieure de Chaillot s'estima heureuse de recevoir, dans sa sainte maison, une de ces martyres résignées, et elle l'entoura d'obéissance et de vénération ! Ne vous étonnez pas outre mesure ! Cette digne abbesse, qui osait, malgré la cour, s'agenouiller devant la vertu persécutée, s'appelait Louise de La Fayette ; mademoiselle de La Fayette, les chastes amours du roi Louis XIII, ses seules amours !

Ce récit de M. Arnauld fut plus dramatique et plus long que nous ne saurions le dire ; il trouvait, à se plaindre en ces termes amers, une consolation inespérée, et peu à peu tous les noms glorieux, tous les noms aimés lui revinrent en mémoire. Ce fut vous qu'il invoqua tout d'abord, vous les aïeules saintes de Port-Royal : Remberge, Marguerite, Perronelle de Montfort, Philippe de Lévis, Mahaut de Villeneuve, Béatrix de Dreux, Guillemette de Sandreville, Emerance de Calonne, Jeanne de Louvain, Catherine de la Vallée ; vous, surtout, les compagnes de ses combats et de sa gloire, les récentes lumières : Jacqueline-Marie-Angélique Arnauld, Marie-Geneviève de Saint-Augustin, le Tardif, Jeanne - Catherine - Agnès de Saint-Paul Arnauld, Marie des Anges, Angélique de Saint-Jean Arnauld ! Et vous encore, les confesseurs de Port-Royal : Jean du Verger de Hauranne, Martin de Barcos, Antoine Singlin, Louis-Isaac le Maistre de Sacy, le Nain de Tillemont, ses maîtres, ses frères, ses amis... devant lesquels s'étaient agenouillés les quatorze Arnauld de Port-Royal.

Il allait ainsi de l'enthousiasme à la colère; glorifiant les morts, accusant les superbes qui osaient disputer à Dieu sa toute-puissance sur les cœurs. A la fin, cependant, l'homme s'effaça et l'on ne vit plus que le chrétien. Recueilli en lui-même, on eût dit qu'il se repentait de sa violence ! En effet, il était de ces hommes qui n'oublient pas, et cependant qui pardonnent, comme il le fit bien voir, dans son exil des Pays-Bas, à l'ombre protectrice de cette église d'Utrecht à demi révoltée, à laquelle il enseigna l'obéissance et la patience. Certes il n'aimait pas Louis XIV, le ravageur de Port-Royal; mais il respectait le roi et il aimait la royauté de son pays à ce point, que le pape Innocent XI, ce pontife aussi jaloux de ses droits que de son intacte et manifeste vertu, offrit au grand docteur les honneurs mérités de la pourpre romaine, à condition que le grand Arnauld (on disait le grand Arnauld en même temps que le grand Corneille, avant de dire : Louis *le Grand !*) soutiendrait, de toutes les forces de son éloquence et de son génie, les justes résistances de la chaire de Saint-Pierre contre la couronne de France ! La vengeance était belle ! la récompense éclatante ! M. Arnauld les trouva trop chèrement payées; il refusa la pourpre : aussi fort et aussi désintéressé dans la vieillesse que dans l'âge mûr ! — Brave homme qui, en pleine Hollande, éleva sa voix libre et flère pour exécrer et maudire le régicide Cromwell [1] !

Son récit achevé, M. Arnauld garda le silence, rêvant toujours ; et lorsque la *supérieure de l'Enfance* s'inclina pour demander sa bénédiction au saint docteur — « Allez, ma sœur, allez retrouver nos frères du Midi ; j'aurai soin de leur dire votre nom ! *Vade ad fratres meos ; narrabo tuum nomen fratribus !* »

Le lendemain de cette entrevue, qui laissa dans son âme violente une trace ineffaçable, madame de Mondonville repartit pour Toulouse.

---

(1) *La vérité sur les Arnauld*, par M. Varin. M. Varin, un savant du premier ordre, est mort du choléra, en cette triste année 1849, aimé, honoré et regretté de tous.

VI

Elle allait de toute la vitesse de six chevaux de poste que précédait un courrier à sa livrée ; son grand'œil noir, plein de feu et d'impatience, semblait dévorer l'espace ; de temps à autre sa tête pensive se montrait à la portière de son carrosse de voyage, et d'un mot net et bref elle gourmandait la lenteur de ses gens ! — « Voilà une reine qui passe ! » disaient les voyageurs, qui retenaient leur monture pour saluer, chapeau bas... C'était mieux qu'une reine en son royaume héréditaire, c'était une conquérante, s'imposant à tout un peuple. Bientôt devenue plus calme, elle s'abandonnait à cette course rapide, et elle rêvait profondément. Alors elle revoyait, comme autant de visions errantes dans un songe, les splendeurs de cette royauté mêlée à ce que la grandeur a de plus spécieux, de plus orné et de plus magnifique. Elle l'avait donc approché, ce jeune roi, l'idole de tous les encens, entouré de ses ducs, de ses pairs, de ses capitaines, de ses justices, de ses victoires, de ses poëtes, de ses gardes, de ses amours! majesté dont elle ne s'est pas étonnée, soleil dont elle n'est point éblouie! Comme aussi elle est restée calme, au milieu de ces bruits immenses de la louange et de l'adoration unanimes. Et pourtant c'était un grand spectacle, le spectacle de ces rêves, dans ce palais des enchantements et des fées de Versailles, dans ces jardins où le soleil ose à peine lutter d'éclat et de magnificence avec le prince qui daigne se promener sous leurs ombrages; tabernacles de la majesté, qui se révèlent tout autant dans les perles de la couronne que dans le dernier grain de sable que le roi foule à ses pieds! Eh bien! tant cette femme avait au vif le sentiment d'une certaine grandeur, indépendante de toute gloire inutile, M. Arnauld, dans son vieil habit de persécution et d'exil, lui paraissait véritablement plus grand que le roi du grand siècle; à ce lis de Salomon dans sa pourpre, elle préférait la ronce battue des vents sur les ruines de Port-Royal renversé.

Que la route lui parut longue! Comme elle s'enivrait à l'avance de l'autorité qu'elle allait exercer! Avec quel zèle et quelle énergie elle se promettait de résister à ce tyran des consciences et des âmes! Quelque chose lui disait que, dans son humble sphère, elle était destinée à jouer un grand rôle, non pas l'humble rôle de la patience et de la soumission jusqu'à la mort, mais la pleine et entière liberté, la résistance à toute oppression, l'exécration de toute tyrannie, et qu'un jour elle pourra montrer au Néron de Port-Royal que, s'il est le roi, il n'est pas le pontife, et que l'Évangile n'est pas soumis à son bon plaisir. Ainsi elle s'exaltait elle-même dans toutes sortes d'oppositions imaginaires, se bâtissant, au fond de sa chaise, mille châteaux en Espagne de luttes, de vengeance et d'opposition.

Ce qui agrandissait toutes ses espérances dans un horizon sans limites, c'était d'abord une lettre de M. l'abbé de Ciron, qui lui annonçait que le souverain pontife, Alexandre VII, avait approuvé les *Constitutions de l'Enfance*[1], et sans rien changer aux lois de la fondatrice. C'étaient, ensuite, les nouvelles que lui donnait l'abbé Dufour : l'approbation du roi avait produit

---

(1) *Alexander P. P. VII. Mulier nobilis Tolosana nobis nuper exponi fecit. Datum Romæ apud Sanctam Mariam Majorem sub annullo peccatoris*, etc.

un merveilleux effet dans toute la ville; le parlement était disposé le mieux du monde, et déjà les meilleures familles de la province, à l'exemple de monsieur et de madame d'Aguesseau, confiaient à l'*Enfance*, à peine ouverte, le superflu de leurs jeunes filles, qui s'estimaient très heureuses de trouver un moyen terme inespéré, entre le monde qui ne voulait pas d'elles, et le cloître qui leur faisait peur. Ainsi, en son absence, son heureuse maison s'était augmentée d'une vingtaine de novices choisies : Élisabeth Donadieu, Jeanne Donadieu, sa sœur; Françoise Chambert, Françoise de Corte, Louise et Marie de Fieubet, mademoiselle de Prohenque, belle comme le jour; mademoiselle d'Alençon, qui était vaillante et sage comme Minerve; mademoiselle de Berthier, dont la famille a donné trois évêques au diocèse de Rieux; Louise de Latour Saint-Paulet, Jeanne Isalguier de Fourquevaux, dont l'aïeul avait battu le féroce baron des Adrets. Qui encore? Raymonde de Lagnaulet, Bernardille de Montesquieu, enfants chrétiens et catholiques de l'hérésie albigeoise; il en était venu de tous les châteaux d'alentour : du château de Mauremont et de la baronnie d'Auriac, du château de la Campane et du château de l'Espinet, habité naguère par la pléiade tolosaine : Etiennette Fontaine, Bernarde d'Aupi, Andriette Peschierra. L'Église, le capitoulat, la noblesse, la poésie, avaient augmenté le petit troupeau primitif d'une cohorte armée de grâce et d'esprit; milice brillante des plus nobles filles vouées au célibat, hélas! parce qu'il aura fallu doter la sœur ainée, acheter un régiment à leur frère, pousser l'un, pousser l'autre, aux dépens de ces existences brisées. Tristes destins! mais, cette fois, du moins, grâce à la supérieure de l'*Enfance*, ce n'est pas en vain que Dieu aura créé et mis au monde ces âmes, ces courages, ces colères, ces vengeances, et de ces cendres mal éteintes, madame de Mondonville saura bien tirer des incendies. Non! non! Il ne s'agit pas seulement de prendre le voile, de disparaître dans une tombe anticipée et de délivrer ces pères et ces mères de famille d'un enfant inutile à la fortune ou à la grandeur de leur maison; le cloître, il est vrai, étouffait un grand nombre de ces justes révoltes, mais les infortunées qui résistaient au jeûne, à la prière, à l'abstinence, au silence, à la mort, devenaient comme autant de furies vengeresses qui appelaient, par leur désespoir, les colères de la terre et du ciel contre leurs bourreaux! Songez donc combien de grands esprits, que d'intelligences dignes d'une meilleure fortune, quelles âmes d'élite, quels rares courages, quelles espérances allaient, chaque année, se perdre et s'engloutir dans ces cellules... dans ces abîmes! A la seule idée de mettre en œuvre ces forces misérablement anéanties, madame de Mondonville sentait redoubler ses espérances et son courage. Elle passait, tour à tour, du doute à la conviction, du ciel à l'enfer, de l'apothéose au supplice, de Louis XIV irrité à la suprême bénédiction de M. Arnauld ! Mais, reine ou martyre, en ces moments de domination suprême, elle ne changerait pas, croyez-le bien, la modeste institution de l'*Enfance*, contre l'abbaye royale de Chelles, contre la royale abbaye de Remiremont.

Précédée et suivie de ces visions, à la fois terribles et charmantes, elle se trouva, plus tôt qu'elle ne l'eût pensé, au bout de sa course, à la porte de la ville, au milieu d'un drame qu'elle était loin de prévoir.

Depuis bientôt huit grands jours, la peste était à Toulouse ; mais il n'y avait pas vingt-quatre heures que le *capitaine de la santé* avait reconnu l'existence du fléau. Cette charge de capitaine de la santé remontait à la peste de 1515, qui avait signalé, tout à la fois, le courage des citoyens, le dévouement des magistrats, la piété et la charité des gros bénéficiers de l'Église de Toulouse, à savoir : l'archevêque, l'abbé de Saint-Saturnin et le grand prieur de Saint-Jean. En cette même année 1515 furent remises en honneur les précautions sanitaires de l'an 1502, laquelle année 1502 avait fait justice des terreurs, des lâchetés et des angoisses de la contagion de 1481, quand on vit le parlement se réfugier dans la petite ville de Saint-Félix-Caraman, pendant que les pestiférés étaient enfermés dans leurs maisons, comme on cloue un mort dans son cercueil. Tel n'était pas le sens des ordonnances que le roi saint Louis avait données à Toulouse; mais il faut dire que la ville y revint, quelques années plus tard, aux jours de fièvre et de famine 1527, sous le capitoulat du noble bourgeois Jean Catelan, licencié en droit civil. Seize ans après, et encore six ans plus tard, 1543-1549, l'île de Tounis, le faubourg Saint-Cyprien et la rue Malcousinat se virent frappés d'une contagion qui épargna le reste de la ville; car le mal avait ses caprices, ses intervalles, ses places favorites, ses cruautés, ses indulgences.

La peste n'était donc pas une nouveauté; à peine était-ce une épouvante pour ces âmes vaillantes et chrétiennes; on tremblait moins en ce temps-là, devant une fièvre mortelle et contagieuse, qu'on ne tremble, de nos jours, à certaines fièvres innocentes venues de l'Asie qu'un souffle emporte; le bon La Fontaine, qui n'était pas un héros, a parlé de la peste dans ses plus beaux vers, et d'une façon assez leste et dégagée; le grand poëte tragique Rotrou l'a affrontée avec un courage digne de la mort qui l'attendait, en récompense éternelle; et si M. de Belzunce, accourant à Marseille pour y accomplir les devoirs sacrés de son épiscopat, a été tant loué et tant admiré, c'est qu'en effet, lorsqu'il s'arrachait aux délices des voluptueux et des profanes, sa charité même s'agrandissait de tous les désordres de sa jeunesse : à peine eût-on célébré le saint évêque accomplissant un devoir en songeant au ciel; mais on porta aux nues le profane gentilhomme obéissant à l'honneur purement humain.

On a remarqué avec quelle habileté Bossuet, dans l'oraison funèbre de Henriette d'Angleterre, prononcée en la présence du roi de France, a évité de nommer Cromwell, le bourreau de son roi ; faisons ici cette remarque, que, dans le royaume de ce même roi pour lequel Bossuet avait tant de ménagements, l'idée n'est venue à personne de dire à Sa Majesté qu'elle était à l'abri de la contagion. J'ai sous les yeux un livret adressé au roi lui-même [1], et, tout du long, le praticien avertit Sa Majesté qu'il y a d'abord

---

(1) *Conseils présentés au Roy contre la peste*, par Jean Sara. Paris, rue Saint-Jean-de-Beauvais. — *Avec privilége du Roy.*

la simple peste, dont on meurt *avec douceur contre l'opinion et l'espérance,* puis la peste *puante, accompagnée de grands vomissements,* suivie de *tumeurs,* de *corruptions,* de *venins,* de spasmes, dont on meurt avec mille anxiétés abominables. Dans l'une et l'autre maladie, le hardi praticien conseille au roi un cordial dont il donne la recette en latin, plus un bouillon d'oseille, de laitue et de chicorée, relevé de rouelles de citron ; et quand paraîtra le *bubon* (au roi !), un cataplasme de scabieuse bouillie avec de la graisse de porc. « Pour le *charbon,* Votre Majesté ajoutera à la scabieuse de l'oseille cuite, et le beurre frais remplacera la graisse de porc. Surtout, Sire, rappelez-vous, en ces misères, ce que dit Pindare, le poëte grec (on ne s'attend guère à Pindare !) :

« O grand soutien du cœur, douce tranquillité,
Toi qui tiens, en ta main, les clefs de la santé ! »

De quelle maladie se mourait, en ce moment, à Toulouse même, madame d'Hortis? Était-ce de la double peste, ou de la peste simple? Le capitaine de santé de Toulouse n'en savait rien encore ; mais déjà il faisait crier par la ville confiée à ses soins que chacun eût à veiller sur sa maison. « Allumez les feux dans les rues! Lâchez l'eau des fontaines! Défaites-vous des lapins et des pigeons! Assommez les chiens! Lavez les tueries! Brûlez du vinaigre aromatisé d'œillets, d'angélique et de girofle! Que chacun soit averti de porter des tuyaux de plumes pleins de vif argent[1]!

« Que le peuple soit admonesté de ne point demeurer oisif dans les rues, ni aux portes des maisons, ni dormir le long du jour, soit à l'ombre ou au soleil. Ne point manger de fruits crus, excepté les cerises mûres ; ni de salade ; ni de lait en aucune

---

(1) *Advis sur la maladie*, par J. D., médecin du roi. Paris, Claude Morel, rue Saint-Jacques, à *la Fontaine*. 1603. — On ne disait ni mieux ni autrement durant notre humble choléra de 1840.

façon ; ni melons ; ni concombres, pêches, abricots, mûres et framboises. — Épargner les femmes. — Prendre, tous les matins, quelques grains de thériaque, d'oxycrat ou d'alkermès, ou du bol d'Arménie ainsi composé : râclure d'ivoire, poudre de perles, corail rouge, hyacinthe ; rubis, émeraudes, grenats, saphirs, topazes, mais de la hyacinthe et des rubis par-dessus tout.

« Les pauvres gens se devront contenter d'une eau mêlée d'oseille, oxyphillum, bourrache, buglose, scabieuse, soucy, mélisse, chardon bénit, reine des prés, betoyne, romarin, scordium, angélique et archangélique, autrement appelée sylvium. Nourriture hygiénique : jaunes d'œufs mollets, pochés à l'eau, assaisonnés de verjus ; consommés distillés de chair de mouton, veau, chapon ; tisane de vin et de réglisse, et enfin : laisser les maîtres des maisons, chacun chez soi, s'ils deviennent malades ! » C'est-à-dire fermer la porte de la maison pestiférée, afin que rien ni personne n'en puisse sortir.

Voilà pourquoi, depuis six grands jours, était fermé, pareil à une tombe, l'hôtel d'Hortis, et pourquoi tout le quartier Saint-Pierre était sombre, désert, silencieux !

L'hôtel d'Hortis, vaste et splendide maison, qui attestait une opulence passée, appartenait à l'une des femmes les plus honorables et les plus honorées de Toulouse, madame la duchesse d'Hortis. Madame d'Hortis, veuve depuis dix ans, était une de ces duchesses d'Avignon dont les papes n'étaient pas avares; le titre n'avait pas, certes, grand crédit à Versailles, mais dans les contrées voisines du comtat d'Avignon on disait volontiers: *Madame la duchesse d'Hortis*. Même, sans cette parure qui lui allait bien, madame d'Hortis eût tenu sa place méritée au sommet de la province. Elle était pauvre, elle était seule, elle était fière; elle avait pour sa gloire et pour son cœur une fille, un enfant unique, un de ces beaux et rares enfants que le ciel envie à la terre pour leur idéale et ravissante beauté. De tous les malheurs qui avaient frappé cette noble dame, le plus grand de tous les malheurs, c'était d'avoir eu pour frère M. le marquis de Saint-Gilles. Cet homme avait été, non pas le frère, mais l'ennemi le plus cruel de sa sœur; et cette sœur qui lui avait servi de mère, il l'avait ruinée à force de mauvais comptes; il l'avait isolée de tous ceux qui auraient pu la protéger et la défendre, il l'avait brouillée avec leur oncle, leur dernier parent, le vieux baron de Saint-Gilles, pirate enrichi, qui avait fait dans les eaux d'Alger une grande et mauvaise fortune. Ainsi, du côté de ce frère et de cet oncle, pas d'espoir pour madame d'Hortis! Cependant elle vivait honorablement d'une assez grosse pension que lui faisait la cour de Rome, et elle élevait son enfant elle-même, sans avoir jamais voulu partager avec personne sa douce tâche maternelle. Quant à lui parler de confier sa fille à la maison de l'*Enfance*, autant eût valu lui parler de la précipiter dans la Garonne! — « Madame de Mondonville! disait-elle, une femme que mon frère, le marquis, a demandée en mariage! » Et elle frissonnait, comme si le seul fait de cette demande eût été pour une femme bien née l'extrême déshonneur. En vain M. l'abbé Dufour, son confesseur, et madame d'Aguesseau, sa meilleure amie, et les plus honnêtes gens de son alentour lui avaient-ils représenté que sa haine pour la supérieure de l'*Enfance* était une haine sans motif, et peut-être la seule injustice de sa vie. — « Que voulez-vous? disait-elle, cette femme me fait peur! Mon frère s'est attaché à ses pas : elle est criminelle, ou elle est perdue! La honte sur sa tête! ou le malheur! choisissez. Et retenez bien ceci, je vous prie, ô vous tous qui m'aimez, si je meurs avant que Marie ait trouvé une âme qui me remplace, eh bien! de toute l'autorité d'une mère, et de toute la volonté d'une mère chrétienne, je vous défends de mettre ma fille à l'*Enfance;* moi, morte, envoyez ma fille, la filleule d'un pape, à la sainte abbaye de Gif, la sœur cadette de Port-Royal-des-Champs, où elle sera reçue, au seul nom de sa mère! » Ainsi parlait madame d'Hortis, et cela en toute circonstance, et avec l'énergie irrévocable d'un esprit que rien ne saurait fléchir. Cette répulsion passionnée d'une vertu si précise et si bienveillante d'habitude était, il est vrai, la seule défaveur qui se fût encore manifestée contre madame de Mondonville; mais l'autorité de la duchesse d'Hortis avait donné beaucoup à penser.

Il faut savoir que l'hôtel d'Hortis était situé, tout comme la maison de l'*Enfance,* sur la paroisse de Saint-Pierre-de-Cuisines, dont M. Pierre Sartabelle était le curé. C'était une maison vaste et seigneuriale, même dans sa ruine. Pour arriver à sa maison, il fallait que madame de Mondonville passât devant cette porte fermée. Elle arrivait donc de toute la vitesse de ses chevaux, cherchant un visage ami, un salut, un regard, un sourire, une des fêtes du retour. O surprise! cette ville heureuse, qu'elle avait laissée naguère remplie du bruit, du mouvement, du travail et des chansons de la vie active, ce n'était plus que la cité de l'abandon et de l'effroi. Partout le même silence mêlé de stupeur! Un bruit lointain de malédictions, de blasphèmes, de quelques prières! On ne marchait pas, on s'enfuyait! Le voisin oubliait de saluer son voisin! Tout au loin les femmes passaient, faisant le signe de la croix. Éperdue et pressentant un grand malheur, madame de Mondonville met pied à terre; elle court, elle arrête un des fuyards; elle interroge, on lui répond à peine, et encore des paroles confuses : — Qu'y a-t-il ? Qu'a-t-on fait ? Que veut-on ? Quels dangers ? Quel ennemi ?... Après avoir interrogé, elle commande ! A la fin elle est reconnue, elle est entourée. — « Oh ! madame ! que venez-vous faire en ces lieux maudits, et que ne restiez-vous à Versailles ! » Ce ne fut que peu à peu, et syllabes par syllabes, qu'elle apprit toute l'étendue de ces misères. « C'en est fait, la peste a paru dans nos murailles, la peste menace la ville entière, la peste ! Elle a choisi pour ses enfantements et ses relevailles la maison de madame d'Hortis, cette porte que vous voyez d'ici, où flotte le drapeau noir ! En moins de trois jours, tous les valets de la maison sont morts ; le médecin a été frappé ; la vieille nourrice est morte à côté de l'enfant qu'elle avait nourri de son lait ; cette maison, naguère si florissante où se jouait ce bel enfant à côté de sa mère, n'est plus qu'un vaste et morne tombeau ! » Ainsi parlaient les hommes et les femmes qui passaient en toute hâte, pour ne pas frotter ce seuil condamné. — « Eh quoi ! s'écriait madame de Mondonville, la mère est morte ? l'enfant est mort ? » A peine si l'on prenait le temps de lui répondre. — «Madame, lui crie enfin un voisin qui s'enfuyait, la mère et la fille doivent être mortes à cette heure ; et ce serait un grand hasard si elles respiraient encore ce matin. »

Cependant la ville, un instant terrifiée, se relevait par la prière et par la charité ! Déjà de tous ses monastères, de toutes ses chapelles, de toutes ses églises, ce peuple chrétien sortait guidé par toutes ses bannières, afin de rassurer les vivants en implorant, dans la prière universelle, les miséricordes du ciel. Gloire ici-bas et là-haut aux nations qui se défendent ! Louange éternelle aux peuples qui s'aident eux-mêmes et se protégent ! La république tolosane, c'était son nom, digne enfant de la municipalité romaine et des comices provinciaux, savait au besoin se lever comme un seul homme. Entendez-vous soudain cet immense *Miserere*, pareil au cri d'un enfant réveillé en sursaut ? C'est l'Eglise de Toulouse qui arrive au secours de son peuple. Dans les murs, hors des murs, c'est à qui apportera son aide, sa prière, ses aumônes; la relique de ses saints, la puissante intercession de ses martyrs. La Vierge de Notre-Dame-de-Grâce, échappée au feu des hérétiques, ouvre la marche de cette procession immense; Saint-Michel-du-Touch (dans le capitoulat de la Daurade) sort armé de toutes pièces et monté sur son cheval blanc : on dirait qu'il va à la croisade; du faubourg Saint-Cyprien, *les Malades de la Fontaine* sont accourus au secours des pestiférés de la ville; arrivaient en même temps les religieuses feuillantines, les dames de Malte, les religieuses de Sainte-Claire, les filles du Bon-Pasteur, précédées de leurs gouvernan-

tes; les écoliers du collége Sainte-Catherine,
les filles de Sainte-Ursule, tout le clergé de
la Daurade, un ancien temple d'Apollon, devenu une église bizantine; venaient ensuite,
de cette même Daurade, les confréries de
Saint-Sébastien, de l'Assomption, des Ames-
du-Purgatoire, de la Conception-de-Notre-
Dame, qui chantaient en espagnol : *Maria
dona tanta bella;* puis les novices de la compagnie de Jésus, les frères prêcheurs, sous
l'invocation de saint Dominique, les écoliers
du collége royal, voilà pour la Daurade! Le
capitoulat de Saint-Etienne, qui prenait son
nom de la merveilleuse église bâtie par le
comte Raymond VI, avait envoyé ses députés à cette fête funèbre. L'église de Saint-
Jacques et de Sainte-Anne, aussi bien que
le Capitole, c'est-à-dire le palais commun
du peuple de Toulouse, y étaient représentés ; on y voyait les élèves du collége de
Saint-Martial, où le pape innocent VI avait
fait ses études, non loin des chanoines de

Saint-Romain; et dans le capitoulat de Saint-Pierre, les dames Noires, les sœurs de Sainte-Véronique, les ermites augustins; le capitoulat et l'église de la Dalbade se glorifiaient des reliques de saint Saturnin, confiées au prieur de Saint-Remi-de-Jérusalem, et certes ce n'était pas un des moindres ornements de cette prière publique, le grand prieur de Toulouse, qui représentait, dans cette foule chrétienne, les chevaliers de l'ordre militaire et souverain de Saint-Jean de Jérusalem. — Ils sont morts, mais la charité ne saurait mourir : *Charitas nunquam excidit*, ainsi parlait la bannière du Temple, et le *grand inquisiteur*, qui venait ensuite, semblait approuver la pieuse et hautaine légende. Dans le capitoulat de Saint-Barthélemy venaient les prêtres de *la Douzaine*, les carmes, les récollets, les trinitaires de l'Église de Saint-Victor, le chapitre de Sainte-Catherine, les religieuses de l'abbaye de Lougages, les carmes déchaussés, les religieux de l'île et église de Saint-Antoine de Lezat, les religieux de Saint-François, le clergé nombreux de l'église de Nazareth, portant la double image de la Vierge et du soleil, et les prêtres de l'église du Taur, et les religieux de Sainte-Croix, et les filles du Bon-Pasteur, les filles de la Visitation, les carmélites, les providentes, les dames chanoinesses de Saint-Saturnin, les bénédictins de Saint-Louis, les religieuses de Sainte-Catherine-de-Sienne, de Saint-Jacques-du-Bourg, les colléges de Périgord, de Saint-Bernard, de Maquelone, une fondation du cardinal de Sainte-Sabine; le desservant de la chapelle de Saint-Quentin, où la princesse Théodora s'en vint déposer, du fond de l'Orient, le labarum, la couronne, le sceptre et la sphère d'azur, insignes de sa royauté perdue; étaient venus aussi, du dehors de l'enceinte romaine, les chartreux du capitoulat de Saint-Pierre; le prieur de Saint-Julien (un des voisins de l'*Enfance*), les hospitalières de Sainte-Radegonde, les pères du Tiers-Ordre de Saint-François, les tiercerettes, les filles de Saint-Louis et de Sainte-Élisabeth; le général de l'ordre de la Merci, pour le rachat des captifs, frère Pons de Baillis; les *Rouquets*, frères minimes de Saint-François-de-Paule; les capucins, qui ont fourni un chef à l'armée de la Ligue, en Languedoc, pour remplacer frère Anne de Joyeuse, vaincu à Villemur et noyé dans le Tarn; les cordeliers de Saint-Antoine, les Irlandais, les oratoriens; et déjà introduites dans cette milice chrétienne et mêlées à ce peuple de fidèles, les *Filles de l'Enfance*, en grand habit de deuil, mais vêtues comme des femmes du monde et précédées d'un suisse à leurs armes; et dans ce cortége immense le chant des psaumes lugubres mêlé au bruit du tocsin, à la fumée des torches, au cri incessant des enfants de chœur, à l'odeur de l'encens, à l'agitation des encensoirs; passaient, dans leur châsse d'or et d'argent portées sur les épaules des magistrats et des évêques, les évangélistes et les martyrs de la cité de Toulouse, le reliquaire entier de l'abbaye de Saint-Saturnin, et saint Saturnin lui-même, évoqué des cryptes de son église, bâtie par Charlemagne et agrandie par François I", pour se montrer à son peuple agenouillé : *Seigneur! Seigneur! sauvez-nous, nous périssons!*

Pour bien comprendre la scène qui va suivre, il faut se figurer au milieu de cette vaste place l'hôtel d'Hortis fermé, et sur le seuil de cette maison, qui est le but de toutes ces églises en lamentations, madame de Mondonville interrogeant la maison silencieuse, pendant que, du côté opposé à cette masse qui s'arrête, attendant la bénédiction de son archevêque, un homme arrive, le fouet à la main, l'épée au côté, la plume au chapeau, en criant *gare! gare!* et certes cet homme ne serait pas accouru en si grande hâte s'il avait pu prévoir la honte publique qui l'attendait. Ce gentilhomme en vacances n'était autre que le marquis de Saint-Gilles, qui avait quitté Versailles à bride abattue quand il avait appris que madame de Mondonville retournait triomphante à Toulouse. Alors il s'était mis à courir après elle, poussé par l'amour, par la haine, par la fureur! Que voulait-il? quel était son espoir? — Que sait-on? le hasard! Il pouvait la rejoindre et s'en faire écouter! Il pouvait la détourner de sa route, ou bien se trouver en même temps aux portes de la ville, et se faire un triomphe facile de cette rencontre, la ville entière restant scandalisée, ou du moins surprise de cette longue route parcourue, pour ainsi dire tête à tête, lui et cette femme. Il était donc parti de Versailles assez à temps pour la rejoindre certainement le troisième jour; mais divers accidents s'étaient mis à la traverse, et le malheureux! il arrivait juste temps pour grandir le triomphe de sa glorieuse ennemie! — « Gare! gare! » criait-il, brûlant le pavé, et soudain il s'arrêtait comme fait l'Océan devant ce grain de sable qui lui dit : Tu n'iras pas plus loin! En effet, tu n'iras pas plus loin, marquis de Saint-Gilles, car il te faudrait franchir dix mille religieux ou religieuses groupés autour des saints étendards. Tu n'iras pas plus loin! car voici la supérieure de l'*Enfance* qui appelle et qui crie : *A moi! à moi, mes filles!* En même temps elle ébranlait de ses mains généreuses la porte de la maison pestiférée, elle brisait les barrières, elle renversait l'obstacle, et enfin les deux battants de cette porte condamnée s'ouvrent en gémissant, comme si la mort allait sortir de cette maison et s'abattre sur la ville aux abois! A cette preuve d'un si rare courage, quelques voix du peuple s'élevèrent, mécontentes, irritées, mais les bannières intelligentes s'inclinèrent devant cette femme hardie, et l'évêque s'arrêta pour la bénir; le drapeau noir, qui flottait au-dessus de sa tête, s'agitait comme pour l'envelopper dans ses funèbres replis. Ainsi, ô Providence! le marquis de Saint-Gilles avait mis tant de hâte, uniquement pour se trouver en plein midi, face à face, et dans une circonstance terrible, avec son propre châtiment. Il comprit confusément qu'il allait être le témoin d'une action illustre, que les évêques, les magistrats, le peuple avaient les yeux fixés sur le point même dans lequel le hasard l'avait poussé, et que s'il n'était pas pour le moins aussi courageux et aussi dévoué que son adversaire, s'il ne venait pas comme elle, à travers la peste, au secours de sa propre sœur et de sa nièce qui se mouraient dans ces ténèbres, c'en était fait de lui et de ce reste de bonne renommée qu'il avait sauvé du naufrage. Mais quoi! c'est la vertu de quelques âmes d'élite de savoir affronter à propos certains périls étranges et sans nom qui rentrent dans le domaine du courage civil. Le marquis de Saint-Gilles était de ces hommes qui ne sont braves que dans de certaines conditions, indiquées et arrêtées à l'avance; ôtez-les des tragédies acceptées, ils se troublent, ils pâlissent; éperdus, ils cherchent la fuite! En vain, ô la honte des hommes d'épée quand ils ne savent que tenir une épée! cette multitude attentive et curieuse, le regard fixé sur ce champ clos de la contagion et de la peste, semblait défier ce chevalier errant de suivre là-haut, sous ce toit mortuaire, cette femme qui se précipite à la mort... à la gloire! Ce lâche chevalier hésite et se trouble! Il comprend sa honte; il ne peut la maîtriser. Il fait un pas en avant, il en fait deux en arrière; mais enfin, quand il vit cette comtesse de Mondonville hardie, inespérée, convaincue, poussée par la sincérité du bon naturel et par ce courage bourgeois dégagé de toute vanité, qui ne tient ni à l'uniforme, ni aux trompettes guerrières, ni aux étoiles d'or, s'avancer la tête haute et les yeux brillants d'enthousiasme vers cet asile fétide d'une mort inflexible, il sentit que la force lui manquait non moins que la volonté; par un effort suprême il voulut aller en avant, ses deux pieds restèrent cloués à la terre; il veut parler, la parole s'arrête à sa gorge... A la fin, cependant, il fit un pas, il en fit deux; il touche enfin à ce tombeau de famille : « Passez le premier, lui dit madame de Mondonville, passez, monsieur, c'est votre droit et c'est votre devoir! » En même temps elle poussait ces portes dont elle avait brisé les serrures.... Soudain, dans la cour intérieure, on vit six cadavres étendus et déjà livrés à la corruption. Le valet était mort à côté de la servante expirée; le chien avait succombé aux pieds de son maître, et non loin du prêtre, le médecin! A cet aspect, M. de Saint-Gilles sentit revenir sa défaillance; une épouvantable odeur de cimetière montait à son cerveau ; le drapeau noir tomba à ses pieds. Que faire et que devenir ? La honte de s'enfuir sautait aux yeux, la nécessité de s'avancer sautait à la gorge ; oui, mais mourir, mourir dans ce charnier ! L'épreuve était trop violente pour ce héros de carrousel... Définitivement il recula, et, sous la huée de la place publique, il s'enfuit du côté de Paris, d'où il était venu. Madame de Mondonville le suivit, pendant une ou deux secondes, d'un regard d'ironie et de pitié, et enfin, avec la contenance majestueuse qui convenait à ce grand rôle, elle entra d'un pas ferme et résolu. — Elle entra seule ; les filles de l'*Enfance* attendaient ses ordres sur le seuil.

En trois jours de cette peste, cette maison était devenue un de ces antres affreux devant lesquels auraient reculé les dieux de la médecine, Galien, Hippocrate, Esculape lui-même. Dans une chambre privée d'air

et de soleil, sur un lit plein de fièvre et
d'ignominie, madame d'Hortis, pâle et livide, sans un serviteur, sans un ami, sans
une goutte d'eau pour étancher sa soif, attendait la mort, près de sa fille, qu'elle
croyait morte déjà! A peine si le souffle de
ces deux victimes annonçait un reste de vie.
Les moites senteurs du trépas s'exhalaient
de ces murailles livides; la voûte sépulcrale, remplie d'ombres malsaines, semblait s'abaisser peu à peu sur ces deux créatures expirantes, comme fait le nuage lorsqu'il tombe sur le lac immobile! Au dehors
de la maison, tout faisait silence, chaque
regard restant fixé à ces fenêtres fermées,
quand tout à coup la fenêtre s'ouvre avec
grand bruit, comme pour laisser entrer le
soleil et la vie! A cette fenêtre ouverte se
montrait la supérieure de l'*Enfance* dans
l'attitude du commandement, de la force et
de l'enthousiasme. « A moi! disait-elle, à
moi, mes filles! » Et aussitôt voilà les filles

de l'*Enfance* qui pénètrent sous ces voûtes, qui traversent cette cour mortuaire, qui s'élancent dans ces escaliers gémissants, cœurs ardents à ce péril illustre, têtes avides de ces saintes couronnes ! En même temps elles s'emparent de madame d'Hortis, qu'elles emportent dans un drap blanc, comme on ferait d'un mort dans son suaire, pendant que leur dame et maîtresse, leur belle et grande *supérieure*, entourant de ses bras la petite Marie expirante en ses aubes, se charge de son précieux fardeau, arraché à la contagion, comme fait la lionne qui arrache son petit à la poursuite du chasseur. Ah ! ce fut un grand moment de consolation et d'espérance, quand cette réunion de tant de prêtres, de confréries, de moines, de pénitents, de religieuses, de peuple, vit passer dans ses rangs éblouis ces saintes filles et cette noble femme, si fières de leur fardeau sacré ! C'était maintenant à qui toucherait ces linceuls, à qui bénirait ces messagères de la peste ; les chants recommencent au même instant ; les prières interrompues s'élèvent de toutes les voix et de toutes les âmes ; le *De profundis* universel prend soudain les vives allures d'un cantique d'action de grâces ; et vous aussi, faites entendre vos sonneries transportées de joie et d'orgueil, cloches baptisées, qui portez les noms de vos parrains et de vos marraines sur votre battant sonore; inclinez-vous, bannières sacrées! sur vos châsses triomphales, relevez-vous, vous tous les antiques patrons de la cité chrétienne, et bénissez ces filles fortes qui vous suivent dans votre voie lumineuse! C'est ainsi que l'*Enfance* a payé sa bienvenue. Voici comment la nouvelle *religieuse* a mis en pratique cette parole du Seigneur : *Ne craignez pas ceux qui ne peuvent tuer que le corps!* Telle fut cette fête soudaine de la charité chrétienne et du courage civil. Autour du pieux cortége c'étaient des louanges sans fin, des encens inépuisables, des actions de grâces venues de tous les cœurs, les plus douces larmes qui tombaient de tous les yeux, et vraiment, même pour des yeux mondains, c'était un grand spectacle, cette belle jeune femme, indolente des joies les plus pures du plus noble triomphe, qui arrache à la peste, à la mort, la charmante jeune fille dont la tête languissante et voilée de ses beaux cheveux blonds ressuscite et se ranime au contact vivant de cette belle joue colorée de tous les feux de l'enthousiasme et du soleil, du génie et de la santé.

Le fier cortége disparut au bruit des bénédictions, sous l'arc de triomphe qui désormais servira d'entrée à la maison de l'Enfance ; les portes se refermèrent, et pendant que les soins les plus éclairés étaient prodigués aux deux pestiférées, la glorieuse procession poursuivait sa marche à travers la ville déjà relevée sous la peur.

On eût dit, en effet, que le ciel avait voulu

signaler à la reconnaissance de ce peuple l'institution de l'Enfance. La maladie contagieuse qui était tombée sur l'hôtel d'Hortis disparut comme par enchantement, et, grâce singulière! il n'y eut pas un seul de ces modestes et vaillants soldats de Jésus-Christ qui payât de sa vie son dévouement et son courage.

Madame d'Hortis ne voulut pas quitter cette maison dans laquelle sa fille Marie avait trouvé une mère et tant de sœurs; de son côté, madame de Mondonville, attachée à son œuvre comme un capitaine à sa victoire, ne songeait qu'aux moyens de rendre la vie et la jeunesse à l'enfant qu'elle avait sauvée, et, peu à peu, elle se sentit envahie, elle aussi, par l'émotion maternelle. Ce cœur fermé s'ouvrit à cette enfant; cette âme blessée à mort se sentit ranimée par son dévouement même et par cette joie ineffable de voir renaître, sous l'influence bienveillante de son regard et de ses tendresses, cette frêle et merveilleuse créature que le ciel semblait disputer à la terre. A la fin, ô bonheur ! la mort vaincue abandonna sa proie, et mademoiselle d'Hortis, rendue à la douce lumière du jour, reconnut ses deux mères par un sourire.

Mais, hélas ! ce premier regard, vif, clair et joyeux de sa fille sauvée, devait être, on l'eût dit, l'arrêt de la duchesse d'Hortis. O puissance de l'amour maternel ! miracle sans cesse renouvelé entre les miracles de Dieu ! Cette mère, arrachée à la fièvre mortelle, se réveille et reste à la vie tant que son enfant est en danger ; elle se sent frappée, elle ne veut pas mourir encore ! « Tout à l'heure, mon Dieu, vous me rappellerez à vous, puisque c'est votre commandement, mais avant de quitter ce monde il faut que je sache si ma fille est sauvée ! » Ainsi la fille à l'agonie était la sauvegarde de la mère. Penchées sur cette jeune tête, doucement éclairée par le dernier rayon de l'enfance qui s'en va pour faire place à la première jeunesse, madame d'Hortis et madame de Mondonville réunirent leurs forces, leur zèle et leur courage, la première mêlant la prière à ses veilles pour accomplir ce chef-d'œuvre d'une résurrection impossible, et quand enfin la belle enfant se vit hors de tout danger, madame d'Hortis, heureuse et triomphante, se coucha dans le lit abandonné par sa fille. Avec quelle joie elle s'étendit sur cette couche funèbre dont sa fille sortait vivante ! Quel bonheur de prendre, pour son propre compte, la suite et la fin de cette longue agonie ! Pauvre femme ! à son tour, elle souriait à sa fille ; le même sourire servait à l'agonie de la mère, qui avait servi à la résurrection de l'enfant.

Mais avant de quitter ce monde et cette maison hospitalière où elle laissait une si chère et si précieuse moitié de son âme, la duchesse d'Hortis voulut faire ses derniers adieux aux nobles filles de l'Enfance, et recommander à leurs tendresses fraternelles la jeune sœur qu'elles avaient sauvée. Plusieurs dames de la ville assistaient, témoins inconsolables, à ces adieux suprêmes. D'une voix ferme et calme, comme son visage, la mourante prit congé de ces cœurs aimés; elle rendit grâces à tant de bons offices qui l'avaient entourée jusqu'à son dernier jour; elle voulut toucher encore une fois, les mains vaillantes qui l'avaient arrachée au supplice de sa première agonie. « Adieu! adieu! disait-elle, je vous laisse tout ce j'aimais ici-bas! » Puis, les deux yeux fixés sur madame de Mondonville et les bras tendus vers elle avec un regard plein de feu, d'énergie, d'objurgations, de reconnaissance et de prière : — « Et vous, qui avez sauvé mon enfant, vous, ma sœur, que j'ai méconnue et blasphémée, vous, désormais l'unique mère du fruit de mes entrailles et de mon cœur, pardonnez-moi si j'ai douté de votre vertu ou de votre constance; pardonnez-moi si je vous ai méconnue, ô sainte femme! qui m'avez rendu le bien pour le mal, la charité pour la calomnie! Écoutez-moi! Pour les bienfaits dont vous m'avez comblée, en récompense de votre dévouement et de votre courage, je vous donne ma fille, prenez-la, elle est à vous! Prenez-la, c'est votre bien! Aimez-la comme je l'aimais! Hélas! la pauvre orpheline, de grands dangers la menacent! Je laisse après moi un ennemi implacable, mon propre frère, le marquis de Saint-Gilles! Et vous, mon Dieu! qui êtes le Dieu des orphelins et des abandonnés sur la terre; vous, qui mesurez le vent à la brebis privée de sa toison, exaucez le dernier vœu d'une mère expirante qui se confie à vos promesses! Entourez cette maison, qui est l'abri de mon enfant, de votre bonté, de votre protection divine! versez sur ces jeunes têtes les grâces abondantes de votre miséricorde; surtout, ô mon Dieu! éclairez le sentier de cette femme vaillante, afin qu'elle marche, d'un pas égal et ferme, dans la voie que lui a tracée votre justice ! Et toi, Marie.... » Ici la voix lui manqua, et, dans les bras de sa fille éplorée, elle expira, épuisée par cette suprême bénédiction.

Cette louange publique au lit de mort, cette précieuse enfant qui lui était donnée par la plus prévoyante et la plus sage des mères, et la peste qui s'arrête au seuil de l'Enfance, quel plus merveilleux commencement pouvait espérer madame de Mondonville? Son nom était le grand nom, le grand triomphe de la cité prosternée à ses pieds ! Au milieu de ces actions de grâces et de ce *Te Deum* universel, revint de Rome l'abbé de Ciron, rapportant le bref du souverain pontife. Le bref fut porté en triomphe; l'Église de Toulouse en ressentit un frémissement de joie, et le parlement l'accueillit avec une reconnaissance empreinte de respect. Ce fut, en un mot, dans toute la province enthousiaste, une longue suite d'actions de grâces dans lesquelles le successeur de saint Pierre était loué et béni pour avoir scellé de *l'anneau du pêcheur* la reconnaissance de cette institution de charité et de miséricorde, qui s'annonçait sous les auspices mêmes du miracle ! Alors, enfin, au milieu de ces transports de toute une province, prêtres, magistrats, barons, seigneurs, paysans, bourgeois, manants, religieux de tous les ordres, M. l'abbé de Ciron se sentit quelque peu rassuré sur les conséquences de cette œuvre à laquelle il avait attaché son nom plus que sa volonté, sa coopération plus que son intelligence ! Non-seulement le pape, le parlement et le roi [1] avaient approuvé ces *Constitutions* qui

---

(1) « Louis, par la grâce de Dieu, roi de France et de Navarre.... Le juste droit que nous avons d'appuyer les véritables exercices de la religion.... et nous ayant été représenté que par les soins de Julie-Jeanne de Julliard, veuve du sieur de Mondonville, il aurait été fondé dans notre ville de Toulouse une congrégation de filles approuvée par feu notre amé et féal le sieur de Marca, archevêque de Toulouse, ledit sieur de Marca leur ayant donné des constitu-

avaient troublé à tant de reprises la conscience de M. l'abbé de Ciron, mais encore avaient-elles obtenu l'assentiment et le consentement sérieux des plus éminents et des plus habiles docteurs, à savoir : dix-huit évêques, cinq professeurs en théologie dans l'université même de Toulouse ; deux docteurs de Sorbonne, le grand-vicaire de Saintes, l'archidiacre de Comminges, et surtout la louange de nos seigneurs les évêques d'Alet et de Pamiers, les deux lumières de l'Église du Midi !

Et voilà comme, grâce à la logique com-

tions et règlements conformes à leur pieux dessein.... Nous avons agréé, confirmé et approuvé, et de notre grâce spéciale agréons, confirmons et approuvons l'établissement de ladite congrégation de filles. Et à cet effet voulons et nous plaît que ladite dame de Moudonville puisse accepter toutes sortes de legs pieux, créations et testaments qui seront faits en faveur d'icelle. Si donnons en mandements à nos amés et féaux conseillers, les gens tenant notre cour et parlement de Toulouse, que les présentes ils fassent enregistrer, car tel est notre plaisir. Et *afin que ce soit chose ferme et établie à toujours*, avons fait mettre notre scel. Donné à Paris au mois d'octobre 1663. *Signé* : Louis ; et sur le pli, par le roi : DE GUENEGAULT ; *visa* : SEGUIER. »

plaisante des passions, ce grand théologien et ce très honnête homme se fabriquait à lui-même toutes sortes de bonnes raisons, des raisons même apostoliques, pour se rassurer sur le résultat de ses obéissances. L'œuvre d'ailleurs grandissait à toute heure : à l'hospice à peine ouvert se faisaient porter les malades; dans les écoles naissantes accouraient les enfants ; de toutes parts se présentaient des novices, non pas seulement du bas et du haut Languedoc, mais de toutes les parties de la France, sans dot ou richement dotées. Il en venait de tous les côtés : de Paris, d'Orléans, de Blois, de la Saintonge, du Poitou; il en vint de la terrible abbaye de Gomer-Fontaine en Picardie.

Elles arrivaient sur le bruit de tant de merveilles et de tant de promesses, les unes et les autres, dans l'éclat de la jeunesse, dans la première ferveur d'un zèle infatigable; intrépides à bien faire, attirées par cette existence à part qui n'était pas la vie du siècle, qui n'était pas la règle du cloître, et pas une qui ne trouvât que ses espérances étaient dépassées dans cette heureuse et opulente maison, gouvernée par tant de grâce et de bonté, mêlées de force et d'énergie. C'était, à vrai dire, un lieu enchanté cette Enfance, au milieu des jardins les plus charmants et des occupations les plus variées ; cette charité libre, cette prière courte, cette humilité environnée de considération, ce dévouement aux enfants payé par de si chères tendresses, ce dévouement aux vieillards suivi de tant de bénédictions ! Les filles de l'Enfance étaient chez elles maîtresses de leurs actions, pourvu que leurs actions fussent dignes de louange ; elles allaient, elles venaient à leur gré, portant par la ville et par les faubourgs, et des faubourgs dans les campagnes réjouies, la consolation, l'espérance, le conseil ; de leurs nobles mains les malades étaient pansés, les morts ensevelis; le nouveau-né leur devait ses premières langes en échange de son premier sourire; les pauvres gens n'imploraient jamais en vain leur pitié et leur aumône, ou le travail s'ils pouvaient travailler. C'était comme une bénédiction de tous les instants, incessamment répandue sur la surface de cette terre peu habituée à cette active, énergique, gaie et intelligente charité; charité un peu mondaine en ses ajustements, un peu profane en ses allures, mais elle n'en plaisait que davantage, par cette nouveauté même qui permettait à ces filles de Jésus-Christ les innocentes élégances du monde des heureux et des riches.... Et voilà comme, en moins d'une année, le succès des filles de l'Enfance et de madame de Mondonville arriva à ce degré incroyable de popularité et de faveur, que, pour célébrer l'anniversaire du jour où le pontife avait adopté les *Constitutions*, M. de Ciron ne trouva pas de plus beau texte au sermon qu'il prononça dans la chaire même de la cathédrale, que ce passage du livre divin : *L'Évangile qu'elles ont reçu fructifie et s'accroît entre leurs mains!*

VII

Les peuples bien nés ne résistent guère à certaines actions nobles et élevées; à dater du jour où madame de Mondonville eut conquis, au péril de sa vie, la reconnaissance et le respect de sa ville natale, il n'y eut plus d'obstacle aux grandeurs qu'elle avait rêvées. Alors enfin elle comprit qu'elle était la maîtresse souveraine de la destinée qu'elle s'était préparée avec tant d'art et de génie, et ce qu'elle n'avait pas osé indiquer dans ses *Constitutions*, elle l'établit hardiment dans l'intérieur de cette forteresse domestique qu'elle avait mise à l'abri de toutes les censures. Désormais elle était reine, et reine absolue dans cette maison, ou plutôt dans ce palais arrangé à son usage. Elle commandait; elle était obéie. Les emplois, les dépenses, les offices, le travail, la récompense, le châtiment, tout venait d'elle et d'elle seule. Au dedans et au dehors elle fut, plus que jamais, une grande dame dans l'éclat d'une fortune considérable, noblement et dignement employée. Elle eut sa maison montée avec ce luxe de bon goût qui marche de pair avec les arts, et comme elle s'était promis à elle-même de ne pas suivre la mode, ce fut la mode obéissante qui la suivit en toutes choses, chaque femme heureuse de s'habiller comme elle, et tout homme de goût adoptant la forme de ses voitures, le harnachement de ses chevaux, la simplicité de sa livrée. Elle restait chez elle, le plus souvent; mais quand enfin l'usage, la nécessité, quelque fête publique ou quelques honneurs à rendre dans la ville forçaient *madame* à sortir, elle sortait en grand habit, en grand appareil, précédée et suivie de ses gens, tantôt en carrosse et tantôt en chaise à porteurs, et chacun de saluer la *grande abbesse de Port-Royal* de Toulouse; c'était encore un de ses noms, au scandale muet des congrégations jalouses, forcées de se taire, d'admirer et d'attendre, jusqu'au jour où, par une brèche subite, on put entrer dans cette place défendue par la reconnaissance et par l'adoration de toute une province. Déjà cependant on s'inquiétait de ces prospérités, de ces élégances, de cette recherche intime; on racontait les merveilles de cet intérieur tout profane, et l'on se demandait à quoi bon, par exemple, dans une maison religieuse, ces toiles précieuses, ces marbres d'Italie, ce tableau du Guerchin, d'une architecture et d'une perspective admirables, ces vases ornés

d'or et de pierreries, ces chapelets venus de
Rome et chargés de médailles d'or ; pourquoi même ce beau christ de Bernin l'ancien, sur son piédestal d'argent, ciselé à
Florence ? Bien plus : madame avait son
médecin, sa chapelle, son aumônier qui la
servait à son prie-dieu drapé à ses armes,
pendant que le chapelain qui lui disait la
messe la saluait, au *Dominus vobiscum!*
comme il eût fait à une princesse du sang
royal. — Elle va plus loin, — elle choisit le
texte, et elle dicte son sermon au prédicateur qui doit prêcher devant les filles de
l'Enfance ; — elle impose sa propre direction
au directeur choisi par elle, et choisi le
plus souvent parmi les plus humbles intelligences du clergé sans emploi. C'était elle
enfin qui désignait tous les livres à introduire dans sa maison, et pas un livre, même
revêtu de l'approbation de la Sorbonne et de
l'archevêché, qui ne fût, au préalable, approuvé par madame la supérieure. Ce n'est

pas, au reste, cette femme-là qui voudrait repaître les âmes confiées à ses soins de tous les petits livres de spiritualité qui étaient en ce temps-là et qui sont encore aujourd'hui la pâture des maisons religieuses, tels que *le Combat spirituel*, *le Chrétien intérieur*, *l'Année sainte*, *le Chapelet sacré*..... Elle avait adopté d'autres lectures, et choisies, on peut le dire, de main de maître. Nous avons sous les yeux la liste de ces livres de révolte et d'opposition condamnés par tous les parlements de France, par toutes les censures de Rome, et vraiment il fallait que cette femme eût un grand courage pour s'exposer aux châtiments de tant de crimes. Ces crimes, qui avaient été expiés, mais non pas anéantis dans tous les bûchers orthodoxes, sentaient la hart et le fagot d'une lieue. C'étaient, entre autres, *le Catéchisme de la Grâce*, le livre de *la Fréquente Communion*, et surtout cette fameuse traduction du *Testament de*

Mons, l'abomination de la désolation dans un certain coin du monde catholique; un livre condamné dans un bref exprès de notre saint-père : « La conduite de tout le trou-
« peau du Seigneur dont le ciel a chargé
« notre faiblesse, et l'intégrité des saintes
« Écritures qui sont la pâture et la nour-
« riture de l'Église catholique, autant que
« notre vigilance pastorale, nous enga-
« gent à condamner et à repousser, par
« ces présentes, le susdit livre, comme en-
« taché de discours pervers et séduisants,
« et d'une interprétation infidèle de l'Évan-
« gile de Jésus-Christ, que quelques esprits
« *insolents*, sous prétexte de piété, tour-
« nent à la séduction et à la ruine du peu-
« ple de Dieu! » Tout le bref, de ce style, de cette colère, est suivi d'une excommunion *ipso facto,* même à *l'article de la mort!* En même temps que la cour de Rome lançait ses foudres, la cour de France lançait les siennes : « Et sera ledit colporteur, lecteur

« ou fauteur dudit *Testament de Mons*,
« quelque part qu'il puisse estre apréhendé
« souz ce ressort, pris au corps, et amené
« souz bonne et sure garde en la Concier-
« gerie du Palais, pour respondre aux con-
« clusions dudit Procureur general. A cet
« effect enioint à tous gouuerneurs, Lieu-
« tenans generaux, Seigneurs, Gentils-
« hommes, Capitaines, Officiers du Roy,
« Maires, et Escheuins des villes et bourgs
« de ce ressort, Preuosts des Mareschaux,
« et tous autres, se saisir dudit liure, et
« bailler main forte pour la capture d'ice-
« luy. Et sur les conclusions dudit Procu-
« reur general, la dite Cour a fait, et fait
« inhibitions et deffences à tous subjets de
« ce pays *sous peine de la vie.....* »

La loi religieuse et la loi civile ne parlaient pas un autre langage; le pape et le
roi étaient animés de la même indignation
et de la même colère contre tout ce qui
sentait l'hérésie; pour les livres condam-

nés, l'Italie et la France avaient les mêmes châtiments : les flammes, le bourreau, la prison perpétuelle, le bûcher. Le pape Innocent XI n'a-t-il pas fait brûler, par la main de son bourreau, les quatorze articles de l'assemblée du clergé de 1682? Le parlement de Toulouse, pour quelques propositions mal sonnantes, n'a-t-il pas livré aux flammes de saint Dominique cet infortuné bel esprit, Vanini? L'obscurité même et le non-sens des moindres écrits ne les préservaient pas de la flamme, à ce point qu'un livret de quatre pages : *Le Chapelet secret*, une rêverie innocente de la mère Agnès, fut traité comme avait été traité Étienne Dolet et son *Double Enfer;* comme avait été traité naguère Jean Tyscovius, brûlé à Varsovie pour son hérésie socinienne, mars 1664.

Ne vous étonnez donc pas de notre étonnement mêlé d'épouvante, en parcourant la liste des livres proscrits, auxquels la maison de l'Enfance a servi d'asile si longtemps.

Je vois en effet sur cette liste : *L'Évêque de cour opposé à l'évêque apostolique,* une satire violente contre ce même archevêque de Reims, Letellier, qui a châtié par trente ans de cachot, à la Bastille, l'auteur du *Cochon mitré,* arraché par violence et par trahison de la ville d'Amsterdam, où l'infortuné satirique avait pensé trouver un asile inviolable. Après *l'Évêque de cour,* nous trouvons un traité que l'on dirait composé, tout exprès, par saint Cyprien, pour l'Enfance : *De l'obligation du clergé de vivre séparé des femmes,* et réciproquement, car cette séparation même était le commencement et la fin de nos *Constitutions.* Venaient ensuite les mille et un pamphlets que chaque jour voyait naître contre la triomphante société de Jésus, triomphante des sarcasmes immortels de Pascal, uniquement parce qu'elle a pour point d'appui la conscience du roi Louis XIV, la seule force humaine qui se pût opposer au génie des *Provinciales.* L'école janséniste, animée à bien faire par l'exemple de son grand satirique, ne laissait guère en paix la société de Jésus, et c'était, parmi les plus beaux esprits de la France, à qui lirait tant de folies passées à l'encens et à la fureur : *Suppression de la Compagnie des Jésuites*, — *La Morale pratique des Jésuites, représentée en plusieurs histoires arrivées dans toutes les parties du monde*, — *La Chasse du renard Pasquin*, — *Les Enluminures des P. P. Jésuites et le succès de Molina sur saint Augustin*, — *Le Jésuite à tout faire*, — *Qui des Jésuites ou de Luther ont le plus nui à la doctrine chrétienne ?* et autres pamphlets d'une violence sans comparaison, même avec les aimables violences des réformateurs de nos jours. Étrange littérature cependant, et qui ne reparaîtra jamais dans aucun pays de l'Europe, à ce point empreinte de railleries et d'atticisme, d'élégance dans le langage et de violence dans l'injure : armes trempées en même temps dans l'antiquité chrétienne et dans la comédie moderne, au feu de saint Grégoire, au sel piquant de Molière. Ouvrez-les aujourd'hui, tous ces livres perdus, ouvrez-les avec ce sentiment de curiosité sérieuse qui est une des consolations de l'étude, et vous resterez confondus de tant de choses incroyables. Dans ces pages violentes, écrites en pleine sacristie, aux pieds mêmes du crucifix, entre la prière du matin et celle du soir, la calomnie apparaît comme une arme permise; la langue de ces discussions qui précédaient l'échafaud est la vraie langue française, mais une langue violente, revêche; implacable quand elle maudit, et, quand parfois elle se met à sourire, souriant comme la haine! Tristes et austères passions qui n'étaient pas sans éloquence, qui avaient pour excuse les convictions les plus généreuses de l'héroïsme chrétien.

Dans cette éducation sans contrôle que madame de Mondonville faisait subir aux jeunes esprits confiés à sa garde, elle rencontra ce grand avantage d'une attention soutenue et excitée par la nouveauté même de ces leçons, et de ces doctrines empreintes des rébellions et des dangers tout virils qui ont un si grand charme pour les femmes. C'est ainsi que cette supérieure, ou plutôt cette *générale* d'une naissante armée, grandissait, chaque jour, dans sa propre estime et dans les obéissances qui l'entouraient. Quoi d'étonnant? Elle possédait cette grandeur naturelle du geste, de la démarche, du regard ; cette éloquence qui est un don de l'âme, auquel ne résistent ni les esprits ni les cœurs; personne plus que *madame* ne poussait au même degré l'amour de l'ordre, la bienséance, qui est le commencement de tout respect, la délicatesse du tact, cette nuance de raison et d'agrément et cette dévotion mêlée de tendresse, qui sont le charme des plus belles âmes. Aussi bien, parmi tant de priviléges qu'elle s'était donnés à elle-même, pas un ne manqua son effet; tout ce qui venait d'elle fut adopté comme une loi sans réplique; il n'y eut qu'une voix pour célébrer tant de louanges; les évêques et les grands vicaires, les huit capitouls et le syndic, le sénéchal et nos seigneurs les président du parlement, les nobles et les bourgeois, le petit peuple et les poëtes, les artisans dans la ville et les laboureurs dans la campagne, le haut et le bas Languedoc, célébraient à l'envi cette femme illustre entre toutes les femmes, qui faisait de sa fortune un si bel usage, et qui entraînait tant de filles vaillantes dans son sentier lumineux de zèle, d'élégance et de charité. Elle marchait donc précédée et suivie de ces hommages et de ces louanges, comme marchait le consul suivi et précédé de ses licteurs; les malades invoquaient son nom dans leurs souffrances; les pauvres gens, chassés de toutes les rues et de tous les parvis par une ordonnance récente, la saluaient à genoux, implorant sa bénédiction mieux qu'ils n'eussent fait pour la bénédiction d'un archevêque; pas un habitant de la ville qui ne rendît justice à cette âme ardente, dévouée et acceptant, avec bonheur, les fonctions les plus pénibles de la charité la plus éclairée; en même temps, pas une famille qui ne lui confiât son secret le plus caché, ses espérances les plus lointaines, ses enfants même quand elle voulait les prendre, et elle les prenait, le plus souvent, au grand encouragement des hommes les plus honorables et les plus prévoyants, qui regardaient comme un devoir d'encourager cette adoption gratuite de tant de pauvres filles sans emploi et sans fortune. En effet, c'était une grande nouveauté, même pour l'Église, cette maison religieuse, plus avide d'une vocation sincère que d'argent comptant, et qui laissait à toutes les familles pauvres les dots que dévoraient tant d'autres maisons religieuses, au grand détriment de la famille spoliée et sans espoir de retour! Ce grand désintéressement remplaçait et au delà, dans bien des esprits, *le catalogue des vertus pesées à la balance du sanctuaire,* car rien ne vaut pour la popularité une vertu pesée dans la balance de l'intérêt et qui fait pencher la balance de son côté.

Elle était donc arrivée à ce suprême degré d'autorité et de faveur lorsqu'elle fut appelée à jouer un très grand rôle dans le drame ou, pour mieux dire, dans la persécution imprévue qui s'abattit sur l'Église de France en ce temps-là. Ceci mérite quelques explications; permettez qu'on vous les donne : vous pourriez passer votre temps d'une façon moins agréable, à lire, par exemple, quelque chapitre de M. Proudhon, de M. Cabet ou de tout autre évangéliste de la même farine et du même acabit.

VIII

Nous ne voulons pas, tant s'en faut, vous prendre par trahison, et vous engager, sans vous en prévenir, dans les détours d'une polémique théologique. — Soyez donc pour bien avertis que le chapitre que voici pouvait fort bien s'intituler : *Dissertation sur l'autorité légitime des rois en matière de régale*[1], ou bien : *Traité singulier des régales, ou des droits du roi sur les bénéfices ecclésiastiques*[2]; ou, si

---

(1) A Cologne, chez Pierre Marteau.
(2) Paris, chez Jean Guignard, in-4°.

vous l'aimez mieux : *Gallia vindicata*, c'est-à-dire la réfutation du P. Maimbourg en faveur de cette déclaration de 1688, brûlée à Rome par la main du bourreau!—Nous pourrions, en même temps, nous engager à démontrer *invinciblement* le droit *que nos rois ont toujours eu à pourvoir aux églises vacantes*[1]. Certes, à une autre époque que l'époque où nous vivons, pleine de tumultes et de paradoxes, chaque jour apportant sa nouvelle Église et signalant du haut des barricades les nouveaux apôtres-prédicateurs d'une religion inconnue, nous n'irions pas ranimer les tempêtes de l'Église d'autrefois. Mais aujourd'hui quel moyen plus certain d'oublier les misères présentes ? Laissez-nous donc vous raconter, comme contrastes, les grandes luttes, les luttes courageuses, honnêtes et éloquentes d'une société paisible, d'une Église croyante et

---

[1] *Nouveau Traité de la régale*, par M. Larroque. Amsterdam.

d'une royauté entourée d'obéissances et de respects.

L'Eglise de France, une et indivisible, n'avait jamais oublié qu'elle avait été fondée par tant d'illustres évêques qui, après avoir sacré et couronné nos premiers rois, s'étaient fait leur noble part dans cette royauté même, l'œuvre puissante de leur sagesse et souvent de leur génie. Prêtres et grands propriétaires tout ensemble, les évêques de la France féodale avaient conquis un empire légitime dans les assemblées générales de la nation, si bien que, la seigneurie de la terre venant à leur échapper, ils retrouvaient toujours l'autorité épiscopale! Juges des rois au tribunal de la pénitence, ils eurent longtemps la prétention de rester leurs juges en plein concile; cette couronne qu'ils avaient donnée d'abord au nom de Dieu, ils l'avaient donnée plus tard au nom du peuple, et comme représentant ce même peuple, entreprise énorme et justifiée cependant par l'indignité même de tant de princes incapables de régner. Plus tard encore les entreprises de la cour de Rome, l'usurpation des tribunaux ecclésiastiques sur la loi civile, l'excommunication tombée du Vatican, l'abus du testament écrit sous la dictée du confesseur, la fin du monde sans cesse annoncée aux fidèles du haut de la chaire de vérité, et d'autres motifs plus dignes de servir de base à une si grande autorité : les services rendus à la science, à la philosophie, aux belles-lettres; l'éducation de cette nation avide d'apprendre et de savoir; la France entière si souvent et si habilement gouvernée par tant de grands hommes d'État sortis du sacerdoce, — tant de causes réunies avaient fait, du corps épiscopal français, une puissance formidable à laquelle le roi Bourbon et vainqueur, Henri-le-Grand lui-même, s'était estimé heureux de rendre les armes. Pourtant même après l'abjuration du Béarnais, disant que *Paris valait bien une messe,* plus d'un évêque refusa de chanter le *Domine salvum !* A Toulouse même on avait vu l'évêque abandonner son église suivi des capucins et des carmes, plutôt que de proclamer le huguenot, et il fallut que le parlement condamnât nommément l'évêque de Béziers *à faire mention du roi,* et ce : *sous peine de saisie du temporel* [1]. Au reste, on avait vu mieux que cela dans les temps anciens; n'a-t-il pas fallu un ordre du parlement de Paris pour que le titre de *roi* fût rendu à saint Louis, dans les litanies de l'Église gallicane : *Ludovicus rex ?*

De ces exigences et de ces ordres souverains des divers parlements contre l'autorité de nos seigneurs les évêques, bien des rancunes devaient surgir. Attaqué par des arrêts, le clergé se défendit par des censures, et en

(1) Et aussi l'archevêque de Bordeaux. (Arrêt de la cour du parlement de Bordeaux contre le cardinal de Sourdis, archevêque de Bordeaux.)

ceci il fut vigoureusement soutenu par la cour de Rome, qui, chaque année, dans la bulle *in cœnâ Domini*, ainsi nommée parce qu'elle se lisait le jeudi saint, renouvelait les protestations de l'Église romaine contre les envahissements de la loi et de l'autorité civile. Il ne s'agissait de rien moins, dans ces foudres *in cœnâ Domini*, que d'excommunication majeure contre les juges laïques qui osent appeler les évêques à leur tribunal, à leur audience, à leur chancellerie, à leur parlement. Sont excommuniés, *ipso facto*, ceux qui publient des lois, édits, règlements attentatoires aux droits du saint-siége; sont excommuniés les procureurs généraux qui mettent ces lois en pratique; ordre aux primats, évêques et archevêques de publier la présente bulle émanée du zèle même de saint Pierre : *Romani pontificis, pastoralis vigilantia.*

Même dans les premières années du dix-septième siècle, et sous la royauté naissante, l'opposition des évêques aux arrêts du parlement allait si loin encore, que l'évêque de Castres, condamné à réparer sa cathédrale ruinée par les guerres de religion, avait excommunié, de sa propre autorité, deux conseillers du parlement de Toulouse, qui, en revanche, avaient frappé l'évêque d'une amende de deux mille livres, l'ajournant *à comparoir en personne.* Aussitôt grandes rumeurs et grand tumulte; les uns proclament *la monarchie absolue du pape,* les autres se rangent à l'autorité du parlement! Alors se firent entendre les autorités les plus illustres, le cardinal de Joyeuse, le cardinal du Perron, pour le pape[1]; et du côté de l'Église gallicane, Achille de Harlay! Même le parlement de Paris fit lacérer le livre fameux du cardinal Bellarmin[2].

(1) *Traité de la puissance du Pape.* Savoir s'il a quelque droit, empire ou domination sur les princes séculiers. Trad. du latin de Guillaume Barclay. Pont-à-Mousson, 1611.

(2) *De la puissance du Pape dans les choses temporelles,*

Parmi les diverses prétentions de nos seigneurs les évêques, on entendit soutenir que, dans certains cas, un évêque pouvait se marier. Témoin l'archevêque d'Aix, amoureux de la belle Françoise de Liand, et qui l'épousa, un beau jour, à une messe de mariage qu'il avait dite lui-même! Histoire détestable *in moribus*, erronée *in doctrinâ*, et qui rencontra des apologistes dans ce pêle-mêle ardent de docteurs et de baillis, de théologiens et de sergents, de bulles et d'arrêts, d'amendes et d'excommunications. Dans cette arène des disputes violentes accouraient, à perdre haleine, tous les esprits turbulents, toutes les imaginations saines ou perverties, tous les ambitieux qui se cachaient leur ambition à eux-mêmes : Jacques Keller[1], Léonard d'É-

---

dans laquelle cette phrase était écrite, qui renvoyait au néant la maison de Bourbon : *Le fils de l'hérétique est incapable de régner.*

(1) *Mysteria politica.*

tampes, le fameux Santarel, plus célèbre en ce temps-là et plus controversé que notre illustre Proudhon en personne ; et le collége de Clermont, et la Sorbonne, et toutes les universités du royaume, et pour tout dire : les réunions, délibérations, assemblées, conférences pour ou contre l'autorité royale, pour ou contre la puissance temporelle des papes ! Discours, sermons, pamphlets, dissertations, thèses de bacheliers, thèses de docteurs, en français, en latin, en allemand ; dans toutes les sacristies, dans tous les séminaires, dans chaque maison religieuse, un bruit à ne pas s'entendre.... Et, de nos jours, de grands politiques se figurent que la France a besoin, pour vivre, des émeutes du hasard, des conspirations de la nuit !

Plus que toute autre province, le Languedoc prit sa part de ces luttes et de ces disputes ; le parlement était violent en ses volontés, l'Eglise était obstinée en ses résistances; si, par exemple, l'évêque de Narbonne et l'évêque de Béziers se permettaient de lever quelque contribution sur les sujets du roi, aussitôt le parlement envoyait ses commissaires pour constater la concussion, en dépit de toutes les violences et de tous les outrages. En même temps recommençaient les plaintes un instant apaisées ! C'en était fait, s'écriait-on, *de l'honneur du royaume très chrétien;* le parlement venait d'attenter à l'Eglise de Jésus-Christ, et le roi était supplié de rendre justice à l'archevêque de Narbonne : « sinon, disait la supplique, nous serons autorisés à prendre le fouet pour chasser les marchands du temple ! » Or ici, les *marchands,* c'étaient les hommes parlementaires, et le roi lui-même fut forcé d'écouter jusqu'au bout cette insolente épître des gens de l'évêque contre *les gens du roi;* tant Sa Majesté se souvenait qu'il n'y avait pas déjà si longtemps, elle avait eu grand'peine à trouver des juges pour juger le cardinal de Retz, et qu'un simple curé de Paris, le curé de Saint-Séverin, avait été soutenu dans ses résistances par les plus illustres prélats du royaume! Au reste, il arriva et il devait arriver, en effet, que le roi Louis XIV finit par démontrer, et d'une façon sans réplique, que les évêques de son royaume étaient évêques par la *grâce du roi*, tout autant que par la grâce du saint-siége apostolique.

Et ce jour-là put compter parmi les grandes conquêtes de la couronne; cette fois, la prise de Breda était surpassée : *Quatuor regibus frustra conantibus !* L'apaisement de ces conflits fit cesser pour longtemps l'irritation du clergé, les inquiétudes de la magistrature, les agitations de ce peuple qui partageait ces divisions intestines, comme c'était son droit et son devoir. On dirait, en effet, à voir l'ardeur apportée dans ces guerres, que le peuple de France obéissait à la loi de Sparte, qui voulait que chacun prit parti pour ou contre, dans les guerres civiles; l'Eglise elle-même comparait les indifférents et les sceptiques à des chiens muets, qui ne sont bons à rien, non pas même à aboyer : *Canes muti, non valentes latrare.*

Donc, au milieu de sa gloire, de ses vengeances et de ses amours, sur les ruines des jansénistes et sur les prétentions des évêques de France, le roi avait établi victorieusement cette maxime royale, qu'il avait formulée avec l'énergie et le despotisme de sa volonté : « L'indépendance de notre couronne, de toute puissance que de Dieu, est une vérité constante et incontestable, » lorsque, après les premiers temps pacifiques, de cette formule, qui semblait acceptée de tous, s'éleva le nouvel orage dont les conséquences devaient être si glorieuses et si terribles pour l'héroïne de notre livre, et c'est ici que nous devons retrouver M. de Ciron.

Il aimait cette femme d'un amour prévoyant et dévoué, et, dans les prévisions des luttes à venir, il lui expliquait, de son mieux, les destinées auxquelles il l'avait réservée. « Maintenant, lui disait-il, que vous êtes appelée à jouer un certain rôle dans l'Église militante, apprenez du moins ce que M. Arnauld et moi-même nous attendons de vous. Nous combattons pour la liberté de conscience; nous sommes des alliés naturels de tous les martyrs; nous avons pour ennemis naturels quiconque obéit aux lois du siècle et toute cette phalange de la société de Jésus qui déjà vous estime assez pour vous craindre. Ah! chère âme, qui ne voulez pas être sauvée, je vous ai assez aimée pour vous abandonner dans vos voies de perdition, mais encore faut-il que vous soyez perdue avec honneur, et que votre damnation éternelle soit rachetée, ici-bas, par la reconnaissance, par l'estime et l'admiration des hommes, édifiés du moins par la grandeur de votre courage. Vous êtes belle, vous êtes fière, vous êtes une volonté; et moi je ne vous parle ni en prêtre ni en chrétien, je vous parle en galant homme, tout prêt à se damner pour vous. »

Il s'arrêta un instant, vaincu par ses émotions; puis d'un ton plus calme :

« Ecoutez-moi ! De grands événements se préparent dans l'Église, et il est bon que vous sachiez le seul parti que vous pourrez prendre avec honneur. Nous avons un roi d'un despotisme implacable, et plus jaloux de dompter les âmes que de faire courber les têtes et plier les genoux. Il s'agit d'une persécution cachée encore, mais évidente, et les plus fermes génies de notre Église, ses plus hautes vertus, se briseront contre cette montagne d'orgueil. Vous savez la dispute qui, dans ces jours funestes, tient en éveil la cour et la ville, l'Église et le monde, les ambitieux et les chrétiens. Par un effort hardi, incroyable, le roi prétend qu'il a le droit de disposer, non-seulement du revenu des évêchés de son royaume, pendant les vacances du siége, mais encore il prétend conférer ces bénéfices, et nommer lui-même les abbés, à défaut de l'évêque mort! Or, ceci est tout simplement la ruine de l'Église et le déshonneur des évêques de France, dont le règne est fini! Les voilà devenus désormais la fable des provinces; leur lumière s'est obscurcie; leur sel a perdu sa saveur; l'autorité les a quittés pour ne plus revenir. Ce roi, qui s'enivre si cruellement à la fontaine de sa propre vanité, comme dit saint Paul, s'est montré plus cruel pour l'Église chrétienne que toutes les plumes ensemble de Bèze, de Calvin ou du sieur du Plessis; il nous traite plus mal que si nous étions des vaudois, des albigeois, des luthériens ou des calvinistes. Il ne sait donc pas que l'empereur Théodose le jeune écrivait lui-même, aux pères du concile d'Éphèse : « qu'il n'est licite qu'à celui qui est de l'ordre des évêques de se mêler des affaires de l'Église ; » il ne sait donc pas que les deux colonnes de son royaume ne sont autres que la piété et la justice! Ces biens d'Église dont il dispose, ces dignités de l'évêque dont il devient l'usurpateur, tiennent par un lien sacré aux libertés de l'Église gallicane; l'Église en avait la propriété dès sa naissance chrétienne, elle en jouit depuis le siècle des apôtres, et voici que les légitimes évêques, enfants de la Jérusalem céleste, sant traités comme s'ils étaient nés dans les flancs d'Agar la servante! Oui, et qui dit un évêque, dit un évêque de droit divin, comme l'a su bien dire l'archevêque de Vienne au roi Henri IV; et qui touche au ministère du royaume de Dieu, touche au principe de la royauté même, car le principe est le même : l'élection des prêtres, des seigneurs et du peuple. Et voilà de nouveau la paix du royaume et des consciences précipitée en de grands troubles, la porte ouverte aux plus cruelles injustices, le roi très chrétien se substituant, de son autorité privée, à l'autorité de ces conciles, si importante au temps de Charlemagne! Et les voilà tombés dans ce profond abîme, ces vénérables pasteurs que saint Paul appelait : « la lumière du monde; — vous êtes des dieux sur la terre, » leur disait-il; et aussi cette parole de saint Luc : « Vous n'êtes pas venus au monde pour être gouvernés, mais pour gouverner! » et le Seigneur : « Qui vous écoute, m'écoute! » Mais, hélas! ils ne sont plus écoutés! une loi injuste les dépouille de leur héritage, « ces héritiers de toute la possession du Seigneur; » le gouvernement de l'Église passe dans l'usurpation royale, et les voilà réduits à l'extrémité du pape Libère, lorsque l'empereur lui donna trois jours pour condamner Athanase : — « Trois jours, dit le pontife, ne changeront pas mon droit en injustice; c'est pourquoi envoyez-moi sur-le-champ en exil. »

Ainsi parlait l'abbé de Ciron dans son enthousiasme guerrier. Il ne disait pas, peut-être même il ne savait pas que cette question de la régale était soulevée par les vaincus de Port-Royal, et que ce brandon de discorde, jeté soudain dans la paix de l'Église, avait été allumé aux torches mêmes qui avaient dévoré la célèbre abbaye. Dans son ardeur à soutenir les anciennes élections canoniques, il ne voulait rien entendre des plaidoyers de la couronne qui se défendait comme on l'attaquait, dans de longues et difficiles plaidoiries. Le roi alléguait, en effet, que l'établissement des évêques en France, avait toujours dépendu de l'autorité des rois; que le droit de régale était un des plus imprescriptibles de la couronne; que ce droit de régale remontait au concile d'Orléans, au temps de Clovis[1], à

---

(1) *Harmonie et conférence des magistrats romains avec les officiers françois*. Lyon, 1674.

qui l'élection et la nomination des évêques et autres bénéfices fut accordée en récompense de la défaite d'Alaric, roi des Visigoths hérétiques ; qu'elle procédait de la donation faite à Charlemagne et à ses successeurs, pour la défaite des ariens, déclaration renouvelée en la personne de Charles le Chauve : « Que tel droit des appartenances de la couronne de France donne au roi la disposition des évêchés vacants, tout comme le seigneur féodal dispose du fief de son vassal, jusqu'à son serment de foi, hommage et fidélité ! Lui-même, le roi Charles VI, dans un concile provincial de tous les prélats et des universités de son royaume, n'avait-il point arrêté qu'on ne recevrait pas les bulles de la cour de Rome en opposition au droit de régale ? « que la collection des bénéfices aurait son cours, nonobstant tous les empêchements de la cour romaine avec ses exécutoires et commissaires? » C'étaient là des réponses positives de la couronne aux lamentations de l'Église, et comme les évêques insistaient, disant, les plus hardis : « Malheur à qui s'appuie sur les rois de Syrie, plutôt que de se confier à son Dieu ! » la couronne, entourée de tous les légistes et de tous les historiens du royaume, redoublait de motifs et d'arguments. « Ce n'est pas en vain que la France porte les lys sur lesquels a reposé le fils du Père céleste, et c'est pourquoi elle est restée libre envers ses légitimes évêques[1] ! »

C'était même un des priviléges du parlement de Paris, si quelque bulle du pontife s'éloignait de l'ancienne modestie des anciens papes, d'en faire *remontrances au roi*. M. Jacques Capel, conseiller et avocat du roi, en ses mémoires dressés pour le roi très chrétien et l'Église gallicane, appelle le roi son souverain seigneur, parce que le roi est « empereur en son royaume, » parce qu'il

---

(1) *De la Liberté de l'Église gallicane*, par M. Bédé, avocat au parlement de Paris. Saumur.

tient sa couronne immédiatement de Dieu, parce qu'au roi appartient la protection, garde et conservation des biens, franchises et libertés de l'Église, parce que du roi dépend l'état pacifique, intégrité, bon ordre et honnêteté de l'Église ! Et l'avocat déduit ses raisons : 1° des anciennes chroniques de France qui sont dans l'abbaye Saint-Victor; 2° des usages de saint Louis et de Charlemagne ; 3° des ordonnances de Philippe le Bel et du roi Charles IX, déclarant le royaume de France : « pays libre et non obédientiaire ! » Ainsi parlaient maître Pierre Pithou et maître Claude Fauchet et messire Jacques de la Guesle, le procureur général, quand il disait : « Comme Dieu est, par nature, le premier roy et prince, le roy l'est par création et par imitation ! » Et, lui-même, le fils de Dieu ne s'est-il pas fait enregistrer sur les registres de l'empereur Auguste, lorsque l'empereur ordonna le dénombrement des hommes de l'univers ? Telles étaient les raisons, les plaidoiries ; tels les motifs, et quand enfin le roi se fut assez défendu, il formula sa loi, précédée d'un préambule, le préambule, cette justification du prince et, pour ainsi dire, la sauve-garde de son honneur!

Il fallut obéir, on obéit ; les évêques se résignèrent, et comme le criait énergiquement un des évêques opposants : « l'Église de France s'est égorgée avec son propre couteau! » A peine si, dans cette débâcle universelle, quelques hommes se rencontrèrent, assez hardis pour ne pas signer sans conteste cette décapitation de l'épiscopat français.

Un des premiers, protesta, Henri Arnauld, évêque d'Angers, et avec ce grand évêque, Nicolas de Busenval, évêque de Beauvais; Henri de Gondvin, archevêque de Sens; Félix Vialart, évêque et comte de Châlons ; Gilbert de Choiseul, évêque de Cominges; Antoine Godeau, évêque de

Dreux; Hercule de Ventadour, évêque de Mirepoix; Claude Joly, évêque et comte d'Agen; les évêques de Soissons, d'Amiens, de Tulle, de Troyes, de La Rochelle, suivirent l'exemple de leurs doyens, mais, plus prudents et plus sages, ils imaginèrent de se réfugier dans le *silence respectueux!* — de crainte *de scandaliser les faibles*, disaient-ils, — et *de trop irriter les forts*, pouvaient-ils ajouter. Cette doctrine du *silence respectueux*, toute nouvelle alors, consistait à ne rien répondre, à ne rien objecter, mais aussi à ne rien approuver; c'était bien une soumission, mais une soumission contrainte et forcée, une façon muette d'en appeler *au futur concile!*

Que les évêques fussent dans leur droit d'obéir avec cette résignation et cette tristesse, qui en doute? Eh bien! telle était l'autorité royale, que le *silence respectueux* fut tourné en crime. Des casuistes se rencontrèrent pour soutenir que rien de semblable n'était indiqué dans les Écritures; au contraire, cette obéissance coupable allait directement contre le devoir des évêques, « qui doivent donner à leur troupeau, même aux dépens de leur vie, une bonne pâture, en leur parlant sans artifice, d'une manière vraie, éloignée de tout mensonge et de tout relâchement. » En vain les évêques du silence respectueux répondirent par l'exemple de Jésus-Christ lui-même, qui, plus d'une fois, s'est servi de paroles ambiguës, en présence des pharisiens et même à la barre de ses juges; en vain ils invoquaient l'innocence de la colombe unie *à la prudence du serpent*, les paraboles et les prophéties de l'un et de l'autre Testaments. « Votre réponse, leur disait-on au nom du roi, ne décide rien; elle laisse à chacun la liberté d'interpréter votre silence comme bon lui semble, et vous-mêmes vous entretenez l'Église dans les divisions que vous faites semblant d'improuver! » Réponse juste et péremptoire, argument *à majori ad minus,* comme on disait dans l'école; et ainsi tous nos évêques du silence respectueux furent atteints et convaincus d'avoir voulu remplacer la vérité divine, invariable, infaillible, par on ne sait quelle fiction variable et incertaine qui faisait d'un grand procès religieux une vaine procédure de mur mitoyen, dans laquelle les arbitres essayaient d'arranger le procès en litige par de mutuelles concessions.

L'avis de la couronne fut, à un certain point, l'avis de deux évêques éminents de l'Église, monseigneur François Pavillon, évêque d'Alet, monseigneur François Caulet, évêque de Pamiers, deux docteurs renommés dans toute la chrétienté, « pareils à deux beaux arbres plantés dans une riche vallée, dont les fleurs répandent sur le monde entier une suave odeur de science, de piété et de vertu [1]. »

(1) *Relation de ce qui s'est passé touchant l'affaire de la*

Ces deux hommes, illustres par toutes les vertus de l'épiscopat, après avoir bien pensé à la précaution du *silence respectueux*, jugèrent en eux-mêmes que ce n'était pas là un abri suffisant pour leur conscience; que ce moyen était trop rempli de variations, d'illusions et de condescendance, et qu'il valait mieux déclarer à la face de l'Église universelle leur sentiment entier sur cette tyrannie! « Sur notre salut éternel, disaient-ils, nous sommes obligés de montrer les répulsions cachées sous le voile de notre silence! C'est notre devoir de chrétiens et d'évêques de parler librement dans les choses de la foi, et de tenir d'une main ferme le flambeau de la vérité, afin d'éclairer les ténèbres qui nous menacent! » Ainsi parlaient ces deux vieillards, pareils à des confesseurs de la foi sous Néron! Une vie austère et remplie de bonnes

regale, dans les diocèses d'Alet et de Pamiers, jusqu'a la mort de M. l'évêque d'Alet.

œuvres, trente-huit ans d'épiscopat et toutes les infirmités de la vieillesse, semblaient défendre l'évêque d'Alet et l'évêque de Pamiers contre les violences de la royauté offensée... Rien n'y fit! On les accable, l'un et l'autre, d'humiliations et d'outrages; on chasse leurs chapelains, on exile leurs adhérents; on saisit leur temporel; on remplit leurs chanoinies vacantes, comme si elles étaient vacantes en régale, et ces deux héros, debout sur les ruines de leur Église, remercient Dieu qui leur a donné ce courage! Dans cette dispute, l'archevêque de Toulouse se montra implacable! Pour un de ses clercs que l'évêque de Pamiers n'avait pas voulu recevoir, il excommunia le saint évêque de Pamiers, et comme M. de Ciron venait au secours de l'évêque excommunié, on s'empara, la nuit, de M. de Ciron, et on le porta hors du royaume, avec défense d'y rentrer, sous peine de mort! Ce fut alors que le père

Cerle et le père Aubarède, semblables à deux lions de la tribu de Juda, s'en furent déchirer, à la porte même de la métropole, l'excommunication injuste lancée par l'archevêque! Sur quoi on leur fit un procès en rébellion, et ils furent condamnés à la peine de mort. — « Enfin la chose fut poussée « avec tant de chaleur par monseigneur l'ar- « chevêque de Paris, qu'après avoir fait « condamner ces grands-vicaires à avoir « le cou coupé, il entreprit le pape à son « tour, et conseilla à Votre Majesté de faire « examiner ses brefs, où il prétendait qu'il « y avait des choses qui portaient atteinte à « votre autorité royale[1]. » C'est qu'en effet la voix du souverain pontife ne fut pas écoutée; c'est que l'excommunication de l'archevêque de Toulouse, levée par le Vatican, fut maintenue par la cour de Versailles; c'est que l'exil, la confiscation, la

---

(1) *Testament politique de M. J.-B. Colbert.*

prison, furent appelés en aide à ces vengeances implacables! Laissez-nous, cependant, glorifier, à tant de distance, les noms oubliés de ces rudes joûteurs! Ils ont combattu avec courage pour la vérité; ils sont morts avec confiance et rêvant une gloire éternelle. — « Les actions des princes, se disaient-ils, et les divers événements des royaumes et des empires, choses de néant! Et combien sera-t-il plus honorable aux historiens de l'avenir d'écrire l'histoire de ce qui se passe dans l'Église et dans l'empire de Jésus-Christ! » Dans la naïveté de leur orgueil chrétien, ils trouvaient qu'il était juste et sage, aux écrivains de bonne volonté, de laisser dans l'ornière sanglante les soldats des batailles profanes, afin de mieux rendre les honneurs mérités aux combattants de l'Évangile! C'est ainsi qu'ils ont agi pour leur propre compte. Madame Guyon les a plus occupés que madame de Maintenon elle-même; Bossuet et Fénelon,

en bataille rangée, leur ont paru plus
grands que toutes les batailles du grand
Condé et de M. de Turenne; les Flandres
conquises, le Rhin franchi, les Pyrénées
abaissées, la couronne d'Espagne devenue
un des fleurons de la couronne de France,
ont moins compté dans les curiosités de
leur esprit et dans les émotions de leur
âme que *les cinq propositions,* la bulle *Unigenitus* et *la régale!* Là est leur vie, et là
aussi leur gloire! Interrogez le premier
venu, dans cette armée de docteurs; il vous
dira où leur droit commence, où leur droit
s'épuise; par quelles lois, quels usages,
quelles coutumes l'Église du Languedoc,
plus que toute autre province française,
échappe aux officiers ordinaires du roi; ils
invoqueront, eux aussi, en faveur du privilége canonique, Charles VI, Charles VII,
Louis XI et le roi Louis XII, père du peuple!
Ainsi fut écrite, par l'évêque d'Alet, cette
Lettre au Roi, que le parlement voua à

l'index de sa justice, et qui est un chef-d'œuvre de logique, d'éloquence, de bon sens.

Mais, hélas ! le coup était frappé ! l'arrêt était porté ! Les évêchés en deuil pleuraient leur évêque captif; l'Église de Toulouse pleurait M. de Ciron, exilé, pendant que la supérieure de l'Enfance, abandonnée désormais à son propre conseil, se demandait de quel côté viendrait le châtiment et la vengeance de tant d'injustices ? Seule au fond de sa maison silencieuse, elle contemplait, d'un regard plein de fièvre, ces évêques épars, ces chrétiens captifs, ces exils sans rémission, cette profonde douleur de l'épiscopat frappé dans ses chefs les plus vertueux et les plus illustres, le pape lui-même osant à peine se plaindre de l'envahissement de la puissance royale sur la primauté de l'Église romaine, et des juges séculiers sur les causes les plus ecclésiastiques.

Le monde entier contemplait ces excès extraordinaires et presque incroyables, se demandant par quelle suite de malheurs le fils aîné de l'Église venait de rompre le nœud sacré qui rattachait tous les évêques du monde dans un même épiscopat?

IX

Les choses en étaient donc arrivées à un grand état d'exaspération et de douleur, lorsque soudain, au milieu de cette ville et de cette province remplies de ces passions, de ces injustices, de ces violences, s'abattit un fléau pareil aux sauterelles d'Égypte, et mille fois plus cruel : nous voulons parler d'une myriade de livrets, de brochures, de feuilles volantes, sorties on ne savait de quelles ténèbres, mais si horribles dans le fond et si perverses dans la forme, d'un sel si âcre et d'un venin si corrosif, que ce fut tout d'abord une épouvante générale; à peine si les passants osaient ramasser ces hérésies, qui peu à peu circulaient sous le manteau, chacun s'enfermant dans le plus profond de sa demeure, pour lire à loisir et tout à son aise cet appel éclatant à la haine, à la vengeance, aux passions politiques, aux passions religieuses. Comme le remarque fort bien un écrivain de ce temps-là : « La France, semblable à un champ qui pro« duit de bonnes et de mauvaises plantes, a « de tout temps nourri des esprits si enclins « à dire librement leur avis de toutes cho« ses, » que l'on se fût assez peu inquiété de ces publications violentes, si elles n'avaient pas été lancées dans le public avec cette profusion insensée et qui tenait du prodige. Notez bien qu'il y allait de la tête, où tout au moins d'une captivité éternelle, à se laisser prendre en flagrant délit de ce crime de lèse-majesté divine et humaine; notez bien que le papier imprimé était la

plus grande terreur du roi et de la justice!
Pas de châtiment assez terrible! pas de cachots assez profonds! pas de bastille assez
inviolable! On eût dit cependant que l'atrocité même des supplices qui leur étaient
réservés redoublait l'ardeur et le courage
de ces pamphlétaires invisibles; chaque
jour apportait dans la ville épouvantée une
protestation nouvelle, et chaque jour plus
violente en faveur des victimes de la régale :
ces pamphlets atroces parlaient au nom de
l'Église de France! au nom de la vérité et
de la justice indignement outragées! au
nom des pasteurs, des docteurs, des évêques, des prêtres, des religieux, de tant de
victimes persécutées et maltraitées en cent
manières cruelles, dans leur liberté et leurs
priviléges, dans leur vie et leur fortune,
sans aucune forme de justice! Qu'allait devenir le troupeau de Jésus-Christ, abandonné aux loups dévorants du père Lachaise; et comment le roi de France n'a-t-il

pas compris qu'il va passer dans toutes les nations et dans tous les siècles pour le plus lâche et le plus insensible des persécuteurs ? En même temps on faisait un appel direct à tous les chrétiens de bonne foi ; on réclamait leur aide et leur appui pour tant de braves gens abandonnés à la fureur des juges et des satellites de la royauté ! L'épiscopat français a-t-il donc perdu toute solidarité et toute sympathie ? Les assemblées du clergé sont-elles donc une cérémonie frivole, et leurs décisions sont-elles devenues un rempart inutile ? Qu'avez-vous fait, ô chrétiens ! de l'évêque et du chapitre de Pamiers ? Dans quel abîme avez-vous précipité, par votre indifférence, l'évêque et le chapitre d'Alet ? Comment n'avez-vous pas compris, dès le premier jour, les connivences criminelles de l'archevêque de Toulouse, du père Lachaise et des jésuites ? Ah ! chrétiens insensés, qui courbez la tête sous des lettres de cachet datées de Versailles, qui avez laissé condamner à mort le père Cerle et le père Aubarède comme impies et sacriléges, qui avez laissé partir M. de Ciron comme un faussaire et un voleur, qui avez vu passer, sans briser ses fers, le savant théologal de l'église cathédrale de Séez, bâillonné et chargé de chaînes, pour être précipité dans une prison perpétuelle, sur une des îles de la mer! « De bonne foi, je vous le demande, jamais persécution plus cruelle a-t-elle frappé une église plus innocente? ô lâches chrétiens! ô parricides! ô ingrats! »

Un autre jour, c'était M. de Foucaut, l'intendant par intérim de la province (M. d'Aguesseau était rappelé), que le pamphlet prenait à partie, le comparant à ce Rictovarus, préfet des Gaules sous l'empereur Dioclétien, lequel Rictovarus, poussé par le remords, se jeta lui-même dans le bûcher préparé pour ses victimes! Bientôt le pamphlet en vint à attaquer directement les

droits de la couronne ; « Le voyez-vous ce
« roi ignorant, qui *s'est armé du zèle de la*
« *religion?* comme disait Calvin. O honte!
« il se conduit comme Luther ! Il raisonne
« *comme un théologien du Brabant!* Il a
« avili sa conscience jusqu'à la déposer aux
« pieds des jésuites, ces hypocrites semeurs
« de discordes, ces fléaux de la chrétienté. »
— « Mais, grand Dieu! qui pourrait rete-
« nir les desseins, l'orgueil barbare et la
« gangrène ambitieuse de ces gens-là, qui
« à peine se pouvaient tenir en leur peau
« parmi les olives, le serpolet et les sou-
« liers de corde, maintenant ensevelis de-
« dans les threzors de l'Orient et de l'Oc-
« cident?» Tels étaient les reproches et telles
les violences, dans lesquels personne n'était
épargné : pages véhémentes, écrites dans
le vrai style du pamphlet, sans loi, sans
ordre, sans frein, mais avec l'énergie, la
passion et la logique effrénée de la colère.
Cela s'appelait saupoudrer son discours *d'un*

grain de moutarde évangélique. Une fois lancé, le pamphlétaire appelait à son aide les prophètes et les démons, les apôtres et les philosophes, Jésus-Christ et Jupiter! Il versait la coupe de Circé dans les gouffres de feu et de soufre, mêlant les serpents aux torrents et aux fumées, les exécrations aux blasphèmes; vouant à l'injure les enfants et les pères, les générations passées et les générations à venir; le pamphlet faisait armes de toutes choses, du juste et de l'injuste, du sacré et du profane; il empruntait à Cicéron, à la Bible, au psalmiste, leurs indignations les plus véhémentes : « Le prince « sans pitié à l'égard du pauvre est semblable à un lion rugissant et à l'ours affamé! » En un mot, toutes sortes d'évocations fantastiques, et, pour parler leur langage, « une sublime rhétorique de charmes sanglants! »

A cette attaque imprévue, inouïe, incroyable, qui s'annonçait, comme venant en droite ligne des portes de la basilique du prince des apôtres, du champ de Flore, de la chancellerie apostolique et de la cour générale du Mont-Citérien, l'Église et le parlement de Toulouse, le haut et le bas Languedoc restèrent frappés de stupeur et d'épouvante. Quels étaient les auteurs, les fauteurs et les complices de ces livres abominables? Quelle vipère avait changé en poison et en poignards contre le roi la langue française, ce noble outil, utile naguère à l'assemblage et à l'ornement de la France, tourné aujourd'hui à sa dissolution et à sa piperie? Quelle rage, quelle fureur, quelle audace osaient ainsi s'asseoir sur le trône de la majesté royale, et remplir de malédictions la bouche de tout un peuple? Toutes les forces du Languedoc, toute l'intelligence de la justice, toute l'activité de la police, furent employées à découvrir et à châtier ce mystère d'iniquité; en vain on chercha du côté de l'Espagne, du côté de la Hollande et de l'Angleterre.... pas un indice qui mît sur la trace de cette conspiration, on ne put rien découvrir, et la justice impuissante en fut réduite à charger outre mesure son immense catalogue *librorum expurgandorum*, c'est-à-dire *le catalogue des livres dont il faudrait purger la surface de l'univers.*

Ce mot catalogue vous paraîtra, je l'espère, une transition suffisante, et nous passerons de plain-pied dans la boutique de maître Henri Mayer, libraire assermenté de la ville et imprimeur du clergé de Toulouse; un bonhomme, ce Mayer, qui portait un grand nom, et qui certes n'eût pas imprimé l'*Imitation* imprimée, en 1486, par un de ses ancêtres, Henri Alaman Mayer, qui lui-même fut dignement remplacé par Jean Grand-Jean, le véritable prince de la rue de la Porterie, où ses vieilles presses fonctionnaient encore au milieu du dix-septième siècle. Mais, hélas! que l'œuvre était déjà changée, et qui eût pu reconnaître dans ces machines inertes les mêmes forces qui avaient mis en lumière les premières leçons du droit romain, les premières thèses soutenues par les jurisconsultes de Toulouse? En effet, aux premiers temps de l'imprimerie, notre ville intelligente eut l'honneur de suivre ardemment ce grand courant de la civilisation nouvelle; elle obéit, docte et inspirée, au souffle venu de l'Allemagne, au nouvel art qui allait agrandir et changer le genre humain. Une des premières villes de France, elle ouvrit ses écoles, ses académies et ses portiques aux disciples errants de Guttenberg, lorsqu'ils portèrent à travers l'Europe étonnée la presse, cette nouvelle machine d'État. A cette heure encore, Toulouse se vante à bon droit des livres de Jean Patrix, d'Étienne Clebat, des Guerlins, des Colomiès, des Bosc, des Sagourt, du fameux imprimeur G. Boudeville, excellents maîtres, dont les exemplaires sont payés au poids de l'or et ne sont vraiment pas trop payés, à ce prix-là[1].

Dans la boutique de maître Mayer, l'imprimeur-libraire, les livres étaient rangés sur des rayons de bois de chêne, et ces rayons, à les bien étudier, représentaient naturellement le pêle-mêle de poésies, de croyances, de philosophie, de théâtre, de romans, de théologie et de superstition dant se composait la littérature française, à ce moment solennel de notre langue et de notre histoire. Que de poëtes oubliés de nos jours, qui faisaient la parure éclatante des librairies les mieux choisies, et qui sont passés aujourd'hui, à l'état des livres rares et souvent introuvables ! Au contraire, vous fussiez entré chez maître Mayer, et vous lui eussiez demandé, non pas l'*Imita-*

(1) *Altercacion, en forme de dialogue, de l'Empereur Adrian, et du philosophe Épictète,* un des livres les plus rares imprimés à Toulouse, MDLVIII, in-4°.

tion de 1486, qui n'existait guère que chez
M. le marquis de Noailles, mais les poésies
de M. de Goberville, ou de Godeau, évêque
de Vence; ou le poëme de saint Prosper
contre les ennemis de la grâce, ou encore les
psaumes de l'abbé de Cérisy ou du marquis
de Beuzeville; même les sonnets de Desbarreaux, même les noëls de l'abbé Testu, ou
les *Pensées chrétiennes* de l'abbé Chassagne,
ou les poëmes de mademoiselle de Scudéry,
ou les odes de M. Pélisson, soudain vous
eussiez emporté le précieux volume, tout
rempli des douces odeurs de la marjolaine
ou des mille-fleurs! La belle et curieuse bibliothèque que l'on se ferait aujourd'hui
avec ces livres charmants, presque aussi négligés en leur temps que nos propres livres
sont négligés de nos jours, ce qui est beaucoup dire. C'est vous-mêmes que j'atteste,
vous les héros de la muse naissante, les
enfants gâtés du génie poétique de cette
nation amoureuse de beau langage : Gom-

baut, Racan, d'Heauville, Ménard, Patrix, Desmarets, et vous aussi Saint-Sorlin, qu'il ne faut pas oublier dans la louange, plus que Despréaux ne vous a pas oublié dans l'injure. Qui encore? Bertaut, l'évêque de Séez; le maître des maîtres, Malherbe, et son élève, Racan; M. l'abbé de Montigny, M. le président Maynard, M. Deshoulières et madame de la Suze, et les autres : Chapelain, Ménage, Voiture, Bensérade, Perraut, et même les hommes les plus graves, les poëtes de la vallée de Chevreuse, M. de Pomponne, M. Lemaistre, oui, M. Lemaistre, et M. d'Andilly! Écoutez les vers qu'il venait d'écrire pour M. de Ciron persécuté, et qui se lisaient, un soir d'été, sur la porte du libraire-imprimeur de la rue de la Poterie, accoutumée à de pareilles révélations :

« Que d'injustes soupçons ma gloire soit ternie ;
Qu'on m'arrache du sein de mon pays natal ;
Que de tous mes amis l'aveuglement fatal

M'abandonne aux fureurs de la plus noire envie ;
Que de la pauvreté les cruelles langueurs
A l'horreur des prisons ajoutent leurs rigueurs,
Et qu'une mort obscure étouffe ma mémoire.
Seigneur, je ne crains point de si rudes combats :
Ton bras est mon appui, la force est ma victoire,
Mais je crains seulement de ne te craindre pas.

Si je te crains, Seigneur, je n'ai plus rien à craindre ;
Les injustes soupçons me seront glorieux ;
J'aurai pour mon pays l'héritage des cieux,
Et mes faibles amis se verront seuls à plaindre.
Mon cœur possèdera l'auteur de tous les biens ;
Mon âme sera libre au milieu des liens ;
La mort me comblera d'une joie ineffable ;
Je serai des méchants le reproche et l'effroi ;
Ta grace me rendra, comme elle, insurmontable.
J'ai combattu pour elle, elle vaincra pour moi. »

Ces beaux vers retentissaient encore dans ce petit coin rempli de beaux livres, et chaque auditeur, pensif, songeait aux orages de l'Église, lorsque maître Mayer élevant sa grosse voix un peu brusque : « Tout ceci est bel et bon, s'écria-t-il, et j'avouerai avec vous, mon compère, que M. l'abbé de Ciron était, à tout prendre, un bon prêtre, honorant Dieu et servant son prochain, pourvu que, de votre côté, vous conveniez avec moi, que lui et son institution de l'Enfance faisaient bien peu de chose pour la vente de nos meilleures publications. Même j'ai beau chercher dans ma mémoire, je ne me rappelle pas qu'ils aient jamais acheté, lui ou les siens, un seul des livres qui sortent de mes presses chrétiennes! Par exemple : *La Vie de Jésus dans le ventre de sa mère,—La dévotion du saint Enfant Jésus au berceau,—Les Quinze effusions du sang de Notre Sauveur,— Le Cerf spirituel exprimant le saint désir de l'âme d'être avec son Dieu!* Non, et même quand je me suis présenté chez madame la supérieure de l'Enfance, moi-même, honoré de la confiance de monseigneur, pour présenter à madame le premier exemplaire des *Allumettes du feu divin pour faire ardre les cœurs humains,* un livre du bienheureux père Roques, c'est à peine si madame a touché le livre de sa main blanche; puis, comme je lui demandais sa pratique, elle m'a commandé de lui apporter: les premières œuvres poétiques de Marie de Romieu la Vivaraise, les livres de mesdames Desroches de Poitiers, de la comtesse de Retz, d'Hélicenne de Crennes, et même, qui l'eût dit, *les Marguerites de la Marguerite des princesses!* Que dites-vous de ceci, mon compère? Quand je vous dis que ni elle ni M. de Ciron ne m'ont jamais acheté un livre spirituel, sinon, une fois, les poésies chrétiennes de messire Odet de la Noue, un calviniste! Voilà pourquoi je ne suis pas étonné des afflictions qui sont tombées sur cette maison de l'Enfance : ceci soit dit entre nous!

« — Et vraiment votre seigneurie parle d'or, reprit maître du Boulay, l'avocat, celui qui venait de lire de sa plus belle voix les stances à l'abbé de Ciron. Je ne m'en cache pas, ce sont là de beaux vers; mais je suis comme vous, je ne comprends rien aux aventures de l'abbé de Ciron. Il était la vertu et la piété mêmes, et voici qu'il est exilé comme un malfaiteur, pour avoir résisté aux droits du roi en matière de régale. Ah ! si l'on m'avait confié la cause du roi ! si j'avais été, seulement pour vingt-quatre heures, aux lieu et place de M. l'avocat général, pas un des non-régaliens ne fût resté dans le royaume et dans l'Église ! Mais non ! on ménage ces messieurs, on les tolère, et quand ils sont en exil, on leur adresse des madrigaux ! Je suis même étonné que vous n'ayez pas jeté sous les pieds de ces martyrs tous les parfums de votre *Cloche d'Or*, M. Éloi ! »

Le jeune homme qui parlait ainsi s'appelait Antoine du Boulay ! Il était avocat, un avocat du *tiers ordre*, c'est-à-dire ni connu ni inconnu, un digne milieu entre l'avocat sans cause et l'avocat-né du mur mitoyen. Il avait des clients, surtout parmi les plaideurs de la grande cité *d'argent-court*, dont il était lui-même un des citoyens les plus fidèles, et, parmi ces clients, beaucoup de ces gens et de ces causes que les avocats acceptent sans les choisir. Il était tout à fait l'homme du Midi, ambitieux, mais à ses heures, rêveur quand il fallait agir, actif au contraire lorsqu'on ne lui demandait que du repos, éloquent au hasard, et qui ne se doutait pas de tout le talent que contenait son esprit, de tout le feu que contenait son cœur. Ni beau, ni laid, car le temps, l'occasion, l'esprit et la nécessité d'être beau ne lui étaient pas encore venus. Au demeurant, un bon, un honnête jeune homme, désintéressé, loyal, un peu vantard, un peu gascon, faisant la roue avec les demoiselles, mais au fond timide et rougissant comme le chaste Joseph! Ses deux grands rêves, sa double ambition, sa baguette des fées, c'étaient, on le croira sans peine, une belle cause à défendre, une belle fille à aimer! En attendant, il cherchait sa voie; il allait d'un parti à un autre parti, toujours du côté le plus faible; et si aujourd'hui il penchait contre M. de Ciron, c'est qu'il savait très bien que le plus souvent, la force véritable est du côté du persécuté, et que si quelqu'un, le plus souvent, a besoin de protection et d'éloquence, c'est justement le persécuteur.

Le troisième interlocuteur, M. Éloi, le parfumeur, était un trembleur qui eût penché volontiers, s'il l'eût osé, du côté de Calvin ou de Luther; mais bien que l'édit de Nantes fût encore en vigueur, à ce qu'on disait, maître Éloi, homme habile et prudent, comprenait confusément que, depuis la prise de La Rochelle, le huguenot jouait un gros jeu. Il avait donc mis de côté ses lectures les plus chères : *l'Encensoir d'or* ne fumait plus à *la Cloche d'argent;* — on ne voyait plus, à côté des cornues d'eau de jasmin, *la Fournaise ardente pour évaporer les prétendues eaux de Siloë;* maître Éloi aimait trop son repos pour se reposer tranquillement sur *l'Oreiller spirituel à extirper les vices et planter les vertus;* entouré des fleurs de l'oranger, dont il faisait une eau souveraine à délasser les nerfs irrités, il laissait de côté *les Pommes de Grenade mystiques,* ou tout au moins il les cachait avec soin, quand il avait quelque bon coup de dent à donner dans cette pomme de Grenade et de discorde, pire que le fruit défendu qui a perdu si misérablement le genre humain.

Cependant, quand il était sûr de son auditoire, maître Éloi s'abandonnait parfois à son humeur frondeuse ; il était mécontent, et il le laissait paraître! « Avez-vous lu, disait-il, ces nombreux et mystérieux écrits en faveur de monseigneur l'évêque d'Alet et de monseigneur l'évêque de Pamiers? M'est avis qu'il y a là-dedans de bonnes choses, desquelles on ferait bien de profiter.

« — Et moi, reprenait le libraire-imprimeur, mon avis est, au contraire, que ces écrits méritent la hart et le feu! Encore je ne parle pas tant du mauvais ferment contenu dans ces pages volantes, que du mauvais et funeste exemple d'une imprimerie clandestine. Comment! j'aurais passé par toutes les épreuves et par tous les serments, j'aurais été dix ans garçon libraire, j'aurais acheté très cher mon fonds de librairie et mon brevet d'imprimeur, pour voir, tout d'un coup, surgir à mon nez, à ma barbe, à ma porte, une fabrique de petits livres fort bien imprimés, ma foi! en beaux caractères et sur beau papier, que l'on ne vend pas, que l'on donne, que l'on jette à tout venant, et sur lesquels la foule se précipite comme s'il s'agissait du sonnet de *Job* ou du sonnet d'*Uranie!* Comment! je verrais, moi vivant, toutes mes opérations suspendues par l'invasion presque surnaturelle de satires très plaisantes et de très amusantes comédies, que je me surprends moi-même, moi qui vous parle, à lire et à relire avec une sorte de délectation ! Là surtout est le crime ; là doit être la répression ! Si cette rage continue, je suis ruiné ; et quand on songe que personne ne peut dire encore d'où part le mal et d'où il vient !

« — D'où il vient? reprit du Boulay; il me semble que la question est facile à résoudre! Le mal vient de ceux à qui il profite : *Is fecit cui prodest !* Allez ! allez ! compère, le veau se reconnaît à la fraise, et le janséniste à ses livres. Tous ces livrets que la nuit voit éclore, toutes ces plaidoiries en l'honneur *des martyrs,* comme on les appelle, nous viennent de la forge même de Port-Royal, et ces choses-là ne se font pas à la clarté du soleil, *per bonas artes !* Si donc j'avais seulement l'honneur d'approcher M. l'avocat général, je lui dirais...

« — L'avocat général du roi ! s'écria M. Éloi ; juste Dieu ! et qu'en voulez-vous faire, maître ? Est-ce que vous voudriez par hasard dénoncer des proscrits ou leurs défenseurs ?

« — Des proscrits ! des proscrits !... Ne les plaignez pas tant, monsieur Éloi ; car, aussi vrai que j'ai l'honneur d'être avocat au parlement, ces proscrits là donneront du fil à retordre au roi notre maître et seigneur. Voyez ! l'Église de Toulouse a beau lancer ses foudres et ses éclairs, mandements sur mandements, censures, excommunications, délibérations du chapitre métropolitain, dans le fond de sa conscience l'Église est pour eux, elle pleure M. de Ciron comme elle a pleuré M. Arnauld ; elle se prosterne aux pieds de nos seigneurs d'Alet et de Pamiers, et le jour où le père Cerle montera sur l'échafaud sera un jour de deuil universel ! Je le répète donc, si j'étais assis sur les fleurs de lis...

« — Vous feriez comparaître, j'imagine, les protestants à votre barre, messire, et alors, les pauvres gens! ils n'auraient qu'à se bien tenir.

« — Nous ne parlons pas ici des protestants, monsieur Éloi, nous parlons des jansénistes; car il ne faut pas confondre ceux-là avec ceux-ci. Bien plus, le jour où les protestants de Toulouse seront privés de leurs droits et priviléges (et ce jour est proche), s'ils veulent accepter la faible éloquence et les humbles services de maître du Boulay, maître du Boulay est à leurs ordres ; car ce jour-là la cause des huguenots sera perdue, et il y aura honneur et gloire à les défendre; mais, aujourd'hui, la gloire, pour un homme de mon ordre, c'est de lutter de courage et d'esprit avec une secte savante, éloquente et honorée, qui compte dans ses rangs le premier avocat du monde, M. Lemaistre! Voilà pourquoi je suis contre eux, et pourquoi je cherche à pénétrer le mystère des pamphlets qui nous entourent et qui me fourniraient un si bel exorde en *quousque tandem abuteris !* »

Il en était là de sa philippique, lorsqu'un homme de la campagne, chargé d'un ballot sous lequel il semblait ployer, s'arrêta sur le seuil de la librairie, et d'une voix très nette : « Je vous apporte, dit-il, un ballot de belle apparence qui vient d'arriver par le coche de Paris, au nom de la veuve Jean Camusat ; mais il se fait tard, j'ai hâte de rentrer chez moi, je repasserai demain ! » Ceci dit, l'homme s'éloigna sans attendre de réponse et avant qu'on eût songé à l'interroger.

« Des livres de Paris ! de nouveaux livres ! s'écrièrent les assistants, très épris de ces sortes de fruits nouveaux ; voyons-les tout de suite ! Pourquoi attendre jusqu'à demain ? »

En un clin d'œil le ballot fut ouvert, et, bonté divine ! il contenait de quoi mettre le feu aux quatre coins du Languedoc : *Les Jésuites marchands, usuriers et voleurs;* — *Le marquis de Louvois sur la sellette, et mis en jugement par l'Europe;* — *Les prévarications du père Lachaise, confesseur du roi, au préjudice des droits de Sa Majesté;* — *Les Princes assis sur une chaise dangereuse, et le Roi très chrétien se confiant à un Jésuite qui le trompe;* — *La Confession réciproque, ou Dialogue entre Louis XIV et le père Lachaise;* — *Le Panégyrique de Louis le Grand, par Jean le Sincère, à l'enseigne de l'Ironie;* — *Oraison funèbre de très haute, très excellente et très puissante monarchie universelle,* et, pour conclure, un livre très inexorable : *Brière et facile réponse d'une demoiselle qui rejette la sainte messe,* et, pour tout dire, on ne vit jamais, réunie dans un plus petit espace et sous des yeux plus épouvantés, une suite plus inexorable et plus horrible de haines, de violences, de lèse-majesté divine et humaine que cette collection forcenée de pamphlets incendiaires, plutôt faite pour attiser les flammes de l'enfer que pour s'étaler, — ne fût-ce qu'un instant, — dans ce galant et orthodoxe asile des rondeaux, des sonnets, des élégies, des poëmes, des frêles et élégantes parures du génie et de l'esprit français.

A l'aspect de ces livres qui sentaient le roussi pour le moins, les trois ou quatre hommes qui se trouvaient chez le libraire, à bon droit épouvanté, furent sur le point de se voiler la face ou de faire le signe de la croix. « Je suis perdu ! je suis ruiné ! s'écriait le descendant du grand imprimeur Henri Mayer Alaman ; et quel est le voleur, quel est le Cartouche ou le Mandrin qui a déposé ce fagot dans ma maison? Je vous prends tous à témoin de mon innocence, mes chers messieurs, et de l'audace de ce guet-apens! » —Le pauvre homme, frappé de ce coup subit, se voyait déjà entre les mains du grand inquisiteur.

Au fait, l'incident était étrange, le danger réel, et le plus décidé de ces trois hommes, maître du Boulay, n'était guère plus rassuré que ses deux compagnons, lorsqu'à la lueur de la lampe que la servante du logis venait de poser sur le comptoir, on vit entrer un des citoyens les plus curieux, et cependant le mieux informé de la ville et des faubourgs ; il s'appelait Étienne Marot. Il avait été un instant procureur au parlement comme son père, Jean Marot, dont le père avait été un des capitouls de Toulouse; mais l'envie de tout voir et le besoin de tout savoir l'avaient arraché bien vite à l'exercice de son art, et il avait pris une charge onéreuse dans la confrérie des oisifs de profession. « Chut ! dit-il, à peine entré et pâle comme la mort, je viens de voir une chose qui a pensé me faire mourir de peur!» A cette nouvelle émotion, vous jugez si toutes ces imaginations en éveil furent attentives. « Donc, pas plus tard que tout à l'heure, reprit le digne Étienne Marot, c'est-à-dire entre chien et loup, je traversais la place de la cathédrale pour faire une partie d'hombre avec ma cousine germaine, madame de Prohenque, dont la fille est nommée coadjutrice de la supérieure de l'Enfance, lorsqu'à l'angle de la place je vois un homme qui se glisse à pas comptés, le long des murs, le chapeau rabattu et enveloppé d'un manteau sombre ! Pourquoi ce manteau et ce mystère ? Je m'inquiète, je regarde et je vois une ombre arrêtée à la porte de notre église ! Or les portes étaient fermées ! L'instant d'après, l'homme mystérieux vient droit à moi, je l'attends de pied ferme ; mais le voilà qui fait volte-face ; il fuit, je le poursuis ; il disparaît, ou plutôt il s'évanouit comme s'il fût entré par enchantement dans la muraille inaccessible de madame de Mondonville, au milieu de ce pêle-mêle de chaumes, de prairies, de jardins, de maisons. Parbleu ! me dis-je à moi-même, je fais là une singulière rencontre !

Alors, prenant mon courage à deux mains, je m'approche de notre église et je vois, dans ce crépuscule éclairé, cette pancarte fraîche encore et récemment imprimée, car c'est à peine si l'encre est séchée. Lisez-la, et vous verrez si véritablement je n'ai pas mis la main sur un complot. »

Parlant ainsi, le courageux M. Marot tirait lentement des profondeurs de son justaucorps une assez grande affiche (pour ce temps-là) imprimée en cicéro *gros œil*; trois croix funèbres, surmontées d'une coupe, d'un poignard et d'un masque, illustraient ce fier morceau d'éloquence obsidionale, lequel s'intitulait ainsi : L'ORGUEIL DE NABUCHODONOSOR CHATIÉ DE LA MAIN DE DIEU ! ! ! !

Nous nous dispenserons, très volontiers, de reproduire les injures et les violences de ce petit morceau oratoire ; la véhémence même de Juvénal est un lit de roses, comparée à ces épines. Le roi était désigné au mépris et à la vengeance des multitudes, comme le plus cruel et le plus stupide des tyrans, pendant que les deux évêques, M. de Ciron et les deux prêtres condamnés à mort, étaient salués et proclamés jusqu'au plus haut des cieux. En même temps on exhortait le clergé de cette ville à protester, de toutes ses forces, contre les violences imposées à l'épiscopat, et l'on suppliait l'archevêque de venir en aide aux persécutés ! C'était vraiment l'œuvre d'un écrivain forcené, et cependant persuadé de la justice de sa cause et de la nécessité de sa mission. Si le métier du pamphlétaire était absent de cette affiche, on y retrouvait du moins la verve turbulente, le génie et l'acrimonie impitoyable du pamphlet.

Là-dessus nos compères recommencèrent leurs disputes à perte d'haleine, à perte de vue, jusqu'à ce qu'enfin il fut bien et dûment arrêté et convenu que le licencié en droit, M. du Boulay, irait, à l'instant même et en dépit de l'heure avancée, porter à M. l'intendant cette affiche arrachée aux portes de la cathédrale et les divers échantillons de ces petits livres sans date, mais datés de la veille par les colères mêmes dont ces feuilles cruelles étaient remplies. La prudence et la curiosité, deux vertus bourgeoises par excellence, avaient dicté ce sage conseil, et chacun de ces messieurs y trouvait son compte : le libraire se mettait à l'abri des recherches de la justice; M. Éloi, le parfumeur, se félicitait d'une nouvelle histoire à raconter pour le reste de ses jours; enfin, pendant que M. Marot se préparait à remonter de l'effet à la cause, par une suite non interrompue d'inductions et de raisonnements, maître du Boulay, replié dans son ambition de renommée et d'importance, se disait à lui-même : « Je le tiens! je tiens mon grand procès! *sic itur ad astra!* » Et vraiment son front touchait aux astres, et vraiment il tenait au moins une grande affaire; car, cette fois, il aura pour sa cliente la royauté du roi Louis XIV. « Premier huissier du parlement, appelez la cause du roi, notre sire, contre les libres penseurs, contre les révoltés de l'Eglise. — La parole est à l'avocat du roi, maître du Boulay ! »

Tels étaient les pensées et les rêves ambitieux du jeune disciple de Thémis. Déjà, la tête plus haute que les nues, il écoutait avec orgueil les grands bruits qu'il allait faire, lorsque tout d'un coup il fut rappelé du firmament sur notre humble petit globe terrestre par un : *psit! psit!* prononcé à voix basse, d'une voix timide et suppliante. Le jeune homme longeait, en ce moment, la longue muraille dont madame de Mondonville avait fait entourer ou, pour mieux dire, fortifier la maison de l'Enfance ; mais comme la nuit était noire, la muraille haute, la rue étroite et sombre, du Boulay ne vit rien, et il poursuivait son chemin, pensant s'être trompé, lorsqu'il fut arrêté tout net par le même : *psit! psit!* mais cette fois impérieux et absolu. Ce n'était pas une provocation : c'était un ordre souverain. Notre homme donc s'arrête au pied du mur, et il regarde de tous ses yeux, des yeux de vingt ans! A la fin, à travers ces ténèbres obéissantes, au sommet de la muraille, entre les herbes vigoureuses qui couronnaient ces créneaux, il entrevit comme un fantôme vêtu de blanc qui lui faisait signe et qui l'appelait! — Hésiter, attendre, prendre conseil, n'était pas dans les habitudes de l'avocat gascon; il était, au contraire, un vrai primesautier de son pays, et il n'eût reculé devant personne, ni homme, ni femme, non pas même devant M. le premier président de la cour de Paris, non pas même sous le feu de madame Anne-Geneviève de Bourbon, duchesse de Longueville, armée de l'épée ou même de l'éventail. — Justement un vif rayon, perçant le nuage entr'ouvert, s'en vint frapper de sa douce

clarté la brillante apparition que l'on eût
dite tombée du ciel!

Une femme.... c'était en effet une femme,
jeune et belle à coup sûr (le moyen d'en
douter pour un homme qui ne doutait de
rien ?) s'échappait en ce moment de la maison de l'Enfance! « Ah! se dit tout bas l'avocat tremblant d'émotion, femme ou fantôme, qui grimpes, la nuit, sur des hauteurs
où à peine si je pourrais atteindre pendant
le jour; toi qui, de si haut, fais un appel au
premier homme qui passe, si tu as assez de
courage pour accomplir ta fuite en Égypte,
par le ciel d'où tu viens, sois le bienvenu,
mon cher fantôme! car, grâce à toi, nous
allons savoir enfin les mystères que recèlent ces murailles! Viens, et dis-nous ce
qu'il faut penser de ces bruits, de ces rumeurs, de ces adorations de la foule, de la
fière beauté qui est la souveraine de cette
citadelle! Que de fois, ô vous les frêles et
charmantes habitantes de ces clôtures, je

vous ai admirées quand vous passiez, légères comme l'abeille avant son butin, dans nos campagnes réjouies de vos sourires, dans nos rues consolées par votre parole! Mais, vaines images, ombres fugitives, beautés qui n'avez de regards que pour le mendiant qui vous implore et de sympathie que pour le malade à l'agonie, vous passez devant nous comme autant de visions fugitives, et celui-là serait lapidé à bon droit qui voudrait toucher le pan de votre manteau! » Ainsi se parlait en sa pensée notre licencié, qui, plus en peine que la jeune fille elle-même, s'approchait avec le zèle et l'habileté d'un jeune chat guettant sa première souris... O bonheur! à peine avait-il tendu ses deux bras, que la fugitive, comme si elle eût entendu les bourreaux venir, se laissa glisser le long de la muraille, et le jeune homme la reçut à peu près sur son cœur. — Psyché elle-même n'était pas plus légère; les fées errantes des nuits d'été, quand elles dansent sur les bords de l'Ourse, parmi le thym et les violettes, à la clarté de la lune de juin et dans ton ombre éclairée, ô vallée de Bramoraque, ne sont pas plus diaphanes et plus charmantes ! La jeune fille était vêtue, comme on dit, à la diable, en simple déshabillé, en longues coiffes et des mules à ses pieds ; mais en traversant à la hâte ces enclos, ces haies vives, ces jardins, elle avait laissé son manteau de nuit à quelque épine, ses coiffes à la branche d'un hêtre, une de ses mules sous un oranger en fleurs, et ainsi elle avait gagné, à demi-nue et parfumée de toutes les roses de cette terre de Samarie, le sommet de cette muraille, et, de si haut, elle ne s'était inquiétée que d'accomplir sa fuite projetée. Comme une honnête jeune fille qu'elle était, elle n'avait jamais eu que d'honnêtes pensées ; ignorant le mal et confiante, elle avait appelé le premier venu à son aide ; mais à peine à terre, elle se prit à trembler, pendant qu'à la clarté douteuse de cette nuit favorable, mêlée d'ombres et de lueurs, l'heureux jeune homme se fut bientôt rendu compte de cette beauté dans sa florissante jeunesse! Elle pouvait avoir dix-huit ans; elle était faite à merveille; ses pieds blancs avaient l'éclat du marbre couvert de neige; des cheveux à foison servaient de manteau à cette belle créature, pareille à la fille cadette du printemps. — *Vernilitas!* s'écria du Boulay en son patois; chose étrange! il improvisait tout exprès un mot nouveau pour exprimer une émotion toute nouvelle. Il y a de ces joies qui ne se disent bien que dans certaines paroles enthousiastes que l'homme heureux crée et fabrique tout exprès pour la circonstance, et qu'il oublie après l'extase, comme on brise un verre précieux après avoir bu à la santé de sa maîtresse ou de son roi. — *Kyrie eleïson! — Kyrie eleïson!*

En un mot, elle était, sans nul doute, la plus belle et la plus agréable personne du monde; une peau délicate et blanche, le pied d'une grâce, la main d'une muse; rien qui sentît et qui rappelât le cloître, le jeûne, le cilice ou la haire; — une vraie duchesse (plus tard, quand viendra la régence), se sauvant de la maison de son mari pour aller chez son voisin, le mousquetaire noir, ne serait pas plus court vêtue et moins étonnée de tomber entre les bras d'un mousquetaire gris.

« Sauvez-moi! monsieur, sauvez-moi! disait-elle d'une voix tremblante, car elle avait eu le temps de se remettre et d'avoir peur tout à fait; sauvez-moi! Je suis une fille de bon lieu; j'ai des parents et des amis plein la ville; si je m'enfuis de cette odieuse maison, c'est que j'y suis forcée! Allons, monsieur, venez, venez! » Et elle entraînait du Boulay loin de cette muraille, et lui, voyant que cette belle fille pouvait à peine marcher et qu'un seul de ses pieds était chaussé, il se prit à l'emporter dans sa maison.

Il demeurait tout près de là, non loin de la cathédrale, sous le toit d'un brave homme de chirurgien, nommé François Davisard; l'honnête praticien dormait à cette heure; sa femme dormait aussi, bien qu'elle fût plus jeune de vingt ans que son mari, qui en avait quarante; il fut donc facile à l'avocat de déposer dans sa chambre son cher et précieux fardeau.

Quand il eut allumé à tâtons une allumette à son briquet, et à son allumette deux belles chandelles de cire que lui avait données un sien client, il jeta dans son foyer étonné, et qui depuis longtemps n'avait pas été à pareille fête, une poignée de chenevottes sur une brassée de sarments; et pendant que la flamme sonore flambe et pétille, il dépose sur une table de chêne les fruits de l'automne passé et ceux de la saison présente; lui-même il attend, impatient, que la belle fugitive, après avoir soupé à la hâte, comme cela se passe dans les églogues de Théocrite et dans les nouvelles de Cervantes, lui fasse le récit de ses malheurs. Mais, voyez la vanité des projets poétiques! pendant que du Boulay l'empressé faisait tous ces préparatifs, la fille inconnue avait avisé dans un coin sa robe d'avocat, et, sans façon, elle s'était enveloppée dans cette robe noire, puis, couchée sur une chaise longue, le long du feu, elle s'était endormie, épuisée de fatigue, la tête dans sa main, sa main perdue dans ses beaux cheveux!

Qui fut surpris?—Maître du Boulay!—Et content?—Maître du Boulay!—Il était honnête homme, et ce dénoûment prosaïque d'un poëme si bien commencé convenait à sa nature chaste et tempérante. A ce récit, les don Juan de sourire... Du Boulay n'avait jamais entendu parler de don Juan.

Il savait, en revanche, les droits de l'hospitalité et les respects qui sont dus à qui se fie à votre honneur. S'il eut un regret, j'en doute. — Il mit du bois au feu, il sortit à pas comptés, et, après avoir fermé sa porte à double tour, il réveilla la femme du chirurgien, dame Françoise : — « Ma voisine, lui dit-il, voici ma clef, gardez-la bien ; je vais chercher un asile à l'hôtel de la belle étoile pour cette nuit ; demain matin, au jour, montez dans ma chambre, ouvrez ma porte doucement, et vous verrez ! »

Il dit, il partit ; la porte de la rue se referma sur lui. Dame Françoise, véritable fille d'Ève, voulant monter à l'instant même chez son voisin, son mari la retient, et ils se rendorment l'un l'autre, comme ils se sont déjà endormis il y a deux heures... en grommelant.

X

Une nuit est bientôt passée à songer à ses amours, dans un de ces moments de tendresse, de sérénité et de lumière qui sont la première récompense d'un difficile devoir courageusement accompli! Si bien que, le matin venu, notre ami du Boulay attendit, sans trop d'impatience, que la fenêtre de sa voisine fût ouverte; alors seulement il s'en vint frapper à la porte de dame Françoise. Il était beau en ce moment; il portait, sur sa figure éclairée par l'espérance, la sérénité d'une bonne conscience et cet air de contentement d'un brave garçon qui s'est passé la fantaisie d'accomplir héroïquement la meilleure action de toute sa vie. Aussi bien la femme du chirurgien l'accueillit avec tous les transports de la confiance, de l'estime et de l'amitié.

« Ah! vous voilà, monsieur le chevalier errant, monsieur le défenseur de la veuve et de l'orphelin! s'écria dame Françoise; soyez le bienvenu! Et d'abord, permettez qu'on vous embrasse pour votre bonne action. Comment donc, je n'aurais pas mieux fait, moi qui vous parle! Et jugez de ma surprise, de ma joie, ce matin, au petit jour (mon mari dormait encore), je saute de mon lit et, ma prière faite, je monte à pas de loup dans votre chambre. O bonté du ciel! cette belle personne que vous avez recueillie et qui s'était endormie sans façon, au coin de votre feu, c'est mon amie d'enfance, c'est une sœur, ma chère Guillemette; je l'ai reconnue à son sourire.

Elle dormait encore ; elle rêvait tout bas, et son beau visage passait par mille transitions de tristesse et de joie ; elle était souriante, elle était sérieuse, elle était agitée, elle était calme ; elle s'est réveillée enfin sous mon regard qui pesait sur elle, tout chargé des tendresses de mon cœur. O le beau réveil ! Elle m'a reconnue, elle s'est jetée dans mes bras, en m'appelant de mon nom de demoiselle : Florise ! Florise ! — O ma chère Guillemette, lui ai-je dit, la tenant embrassée, que te voilà devenue belle ! — Et bien à plaindre ! a-t-elle repris en poussant un petit soupir de componction. — Et pourquoi tant à plaindre, ma Guillemette ? — Parce que, ma Florise !... — Elle a dit ce *parce que* avec une malice inimitable. — Eh ! lui ai-je dit à mon tour, comme te voilà faite, bon Dieu ! tout en loques ! Et qui donc t'a déchirée ainsi ? — Les ronces du chemin de la vie ! a-t-elle répondu en riant. Puis, voyant où elle était, elle a rougi, mais sans trop de honte, affaire de rougir. En même temps elle s'est retirée, comme elle a pu, de votre immense robe noire, qui jamais ne contiendra, je vous jure; une créature plus éloquente; et comme elle tirait un bras, une jambe et l'autre jambe, nous avons ri elle et moi! Elle était fâchée de rire, et cependant elle riait! Elle vient de faire une démarche grave, mais au fond elle ne paraît ni bien malheureuse ni bien triste. Elle a plié votre gagne-pain avec autant de soin qu'une robe de soie, ôtant les plis de la nuit passée, et elle l'a déposée sur une chaise! Elle a vu votre petit souper tout préparé, et comme elle avait faim, nous avons tout croqué de nos dents blanches : les noix sèches, le pain rassis, les raisins sans jus, les oranges ridées comme le raisin; nous avons bu votre eau fraîche dans votre tasse ébréchée, et nous avons respecté votre vin à couper au couteau. Fi! monsieur! appeler cela du vin! — Ah! lui ai-je dit, tu n'es pas tombée chez un avocat, mais chez un anachorète, ma chère Guillemette! — Il est vrai, a-t-elle dit en buvant un grand coup de votre belle eau, que nous déjeunons mieux que cela à l'Enfance... Et regardant autour d'elle l'ameublement de votre Louvre : le crucifix à votre chevet, le bénitier au pied de votre lit, le portrait de votre mère sur la muraille, entre deux thèses imprimées sur satin... du si beau satin ! et sur votre bureau de cuir votre *Somme* de saint Thomas et vos *Pandectes* : — Le brave garçon ! a-t-elle dit.

« — Elle a dit : *Le brave garçon !* dame Françoise; et après?

« — Après? On n'a plus parlé de vous; mais on a fait une grande toilette. J'ai été la femme de chambre de ma chère Guillemette! Je lui ai prêté mon beau jupon des dimanches, ma robe en siamoise brune, mon bonnet à la Montespan, mon mouchoir de linon brodé, et, ainsi vêtue, il est impossible de rien voir de plus charmant. Je l'ai laissée qui se regardait un peu au miroir, et je suis descendue pour vous attendre et pour vous dire... d'aller vous promener, et que nous vous rappellerions si nous avions besoin de vous! »

Là-dessus du Boulay s'en fut se promener, à moitié content, dans le voisinage de la terrible maison d'où la victime s'était échappée; car il ne faisait pas un doute que Guillemette ne sortît de quelque affreux *vade in pace!* comme on en trouve dans toutes les histoires de couvent. Chose étrange cependant! à l'extérieur de cette terrible citadelle, rien ne semblait changé. Les portes de l'Enfance étaient ouvertes, et sous le péristyle, pareil au péristyle de quelque temple d'Esculape, arrivaient les malades, les affamés, les affligés, ces malades de l'âme; et toute plaie était pansée, et la faim était apaisée, et l'âme en peine s'en allait consolée et encouragée de quelques bonnes paroles. Arrivaient en même temps, leur *croix-de-dieu* sous le bras et leur goûter dans leur panier d'osier, les jeunes petites filles, heureuses de retrouver dans le bruit de l'école tant de patientes institutrices qui leur apprenaient, par leur exemple, à ne pas séparer l'amour de Dieu et l'amour du travail ; ou bien c'était quelqu'une de ces filles de Jésus-Christ qui s'en allait en toute hâte, à pied ou à cheval, à la recherche de misères lointaines que retenait loin d'ici la maladie ou la vieillesse! — « Qui dirait que ce soit là une maison de violence et d'injustice, murmura à part lui l'avocat stupéfait, ou plutôt ne dirait-on pas une ruche active et remplie du miel le plus pur de la bienfaisance et de la charité? »

Mais au fond de cette maison, si calme en apparence, maison entourée de ces bénédictions et de ces louanges, madame de Mondonville, repliée sur elle-même, se sentait perdue et se demandait ce qu'elle allait devenir. Elle savait la fuite de Guillemette, et Guillemette emportait des secrets terribles! Par quel malheur, par quel malentendu funeste cette fille, qui était son bras droit, avait-elle franchi la haute muraille? Et comment faire, maintenant, pour arrêter le bruit, le scandale, l'interrogation de cette ville d'inquisition politique, d'inquisition religieuse? — La supérieure était donc en grand trouble, et elle comprenait plus que jamais à quel point lui manquait le courage et le conseil de M. de Ciron! Ah! c'était bien la peine d'avoir été jusqu'alors si prudente et si sage, d'avoir établi autour de sa personne un ordre si excellent et si parfait, d'avoir inspiré à tant d'esprits si divers, à tant de volontés si différentes, ce dévouement profond, cette abnégation sans bornes, ce mystère de toutes choses, pour voir s'écrouler en un clin d'œil le fragile édifice de tant de travaux et d'espérances! En effet cette Guillemette de Prohenque appartenait aux meilleures familles de la cité; elle était éloquente autant que belle; elle avait des amis, elle avait des serviteurs; mieux encore, même après sa retraite, elle avait été bien souvent demandée en mariage, et par de grands partis, et enfin elle était la confidente des projets, des ambitions, et que sait-on? des crimes mêmes de l'Enfance! Et quand Toulouse apprendra que mademoiselle de Prohenque s'est enfuie, de nuit, par la muraille franchie; et quand elle se montrera, prête à répondre à qui l'interroge, quelle défense opposer à l'accusation? comment faire pour empêcher, tout au moins, le magistrat de pénétrer dans ces demeures fermées, et si la maison est ouverte une fois, comment retrouver jamais la bonne renommée, et l'estime, et le respect? Telles étaient les douleurs muettes de cette femme; elle était comme un malheureux tombé dans un grand fleuve, et qui se noie, et qui ne sait à quel brin du rivage se rattacher.

Elle était si prondément perdue et abîmée dans sa pensée, qu'elle ne voyait pas une admirable enfant, ou plutôt une jeune personne d'une douzaine d'années, assise à ses pieds, et qui la contemplait avec un de ces regards mêlés de larmes, de joie et de ces tendresses infinies que le bon Dieu a créées dans l'âme de ses enfants, comme la seule récompense, même divine, qui fût à la hauteur des tendresses maternelles. Mademoiselle d'Hortis, sauvée par sa seconde mère, adoptée par elle, était devenue, en grandissant, l'orgueil de madame de Mondonville, et désormais son unique espérance; éclatante et fraîche jeunesse, entourée d'ingénuité et de grâce, elle méritait, elle justifiait toutes les préférences; aussi, dans un moment d'imprudence ou d'enthousiasme maternel, la supérieure perpétuelle de l'Enfance avait-elle proclamé mademoiselle d'Hortis l'héritière légitime de son sceptre, oubliant un peu trop vite les services de mademoiselle de Prohenque et les promesses qui lui avaient été faites. Puis, comme Guillemette s'était fâchée, madame la supérieure avait appelé à son aide, d'une façon nette et formelle, les droits qu'elle tenait du roi, du parlement et du pontife ; elle avait été plus loin, elle avait voulu châtier ce qu'elle appelait une *rébellion*, elle avait enfermé Guillemette, et Guillemette s'était enfuie une belle nuit ! Royaumes disputés, autant que tous les autres royaumes de l'univers, ces monastères, où la première place était tout, où la seconde place était comptée pour rien !

Vous voyez que nous prenons le parti de mademoiselle de Prohenque, et vraiment elle en vaut la peine. Elle était d'abord faite comme la Vénus d'Arles, enfouie, en ce temps-là, dans le sépulcre dont ce beau marbre devait sortir, éclatant d'une jeunesse de deux mille années, l'âge d'Homère ; elle appartenait, tout comme madame de Mondonville, à une famille parlementaire, et lorsqu'elle consentit à l'aider dans l'administration de l'Enfance, ce n'était pas, et tant s'en faut, qu'elle fût embarrassée de sa personne. Au contraire, elle avait un peu de bien, et beaucoup d'esprit en partage ; si elle avait renoncé aux pompes et aux œuvres de Satan, c'était du plus loin qu'il lui en souvenait, le jour de son baptême, par exemple, et elle en avait oublié quelque chose ; non pas que ce ne fût une fille profondément honnête, mais elle était vive, innocente et galante tout ensemble, à qui deux ou trois amoureux n'auraient pas fait peur. Ainsi, tout bien compté, elle était entrée à l'Enfance sur de grandes promesses et de grandes espérances, moitié dominée et moitié par l'envie de dominer à son tour ; mais sa vraie et sincère inclination était pour le siècle ; elle se sentait créée pour les fêtes de la jeunesse, pour les triomphes de la beauté, et ce qui l'avait séduite dans l'Enfance, c'était cette liberté même, cette abondance, cette parure, ce bon goût, ce mélange d'affaires, de combats, de résistances, ces vastes projets dont elle était la dépositaire, cet intime orgueil de faire repentir le roi Louis XIV qui ne savait pas qu'il existât, sous le soleil, une Guillemette de Prohenque!

D'autre part, madame de Mondonville avait promis à cette intelligente de lui donner une grande part d'autorité avec toute sa confiance. Ainsi, dans les commencements de leur association, madame de Mondonville l'appelait sa *fille;* mais, de bonne foi, une fille de dix-huit ans, c'est beaucoup imposer, même à l'abnégation d'une vraie et sincère religieuse de l'âge de notre *supérieure*. Une enfant de douze ans était mieux le fait de sa vanité et de son cœur, et elle n'avait pas tardé à transporter ce doux titre filial sur la tête bouclée de Marie d'Hortis ; de là un invincible ennui pour Guillemette, et bientôt un désir immense de briser les chaînes qui lui pesaient, et enfin les luttes entre ces deux femmes, l'une qui aspire à l'indépendance, l'autre qui défend son autorité absolue, souveraine, immuable; celle-ci insolente et révoltée contre une domination injuste, celle-là violente et superbe, et cachant mal son indignation et sa colère contre cet obstacle imprévu, — deux beaux orages qui se heurtaient silencieusement dans un ciel changeant et troublé!

Certes, madame de Mondonville avait raison de trembler, et son épouvante eût redoublé si elle avait pu voir, sur les deux heures de l'après-midi, l'avocat du Boulay introduit par dame Françoise auprès de mademoiselle de Prohenque, et ces trois têtes, dans un seul et même bonnet d'avocat gascon, méditant la ruine de l'Enfance. Cependant, soit que la jeunesse de son défenseur ne lui inspirât pas toute confiance, soit qu'elle visât au coup de théâtre, ce qui est un peu l'ambition de toutes les femmes, ou même par suite de cette réserve et de cette prudence qui surgissent de la vie en commun et qui ont produit, du fond des cloîtres, tant de grands hommes politiques, la fugitive de la nuit passée refusa de dire son secret à son conseil. — « Maître, lui dit-elle, soyez en repos, et laissez dormir votre éloquence! Je tiens là (frappant son front) en réserve les faits et les moyens de ma cause; faites seulement, messire, que dans une maison que vous choisirez, en présence d'hommes experts, considérables et quelque peu théologiens, je sois interrogée sur les doctrines religieuses de l'Enfance, et vous verrez si j'étais indigne de me couvrir de cette vénérable robe d'avocat que Dieu conserve et rende illustre! Allez! prévenez mes parents, mes amis, M. le viguier, et si, chemin faisant, vous rencontrez quelque révérend père de la société de Jésus, amenez-le.... Et puis si nos doctrines ne suffisent pas à renverser cette injuste maison, je.... Mais d'où vous viennent ces livres de mécréants ? Où donc avez-vous ramassé cette affiche, messire ? Quoi ! des pamphlets contre le roi, et pas un Saint-Augustin chez vous ?» Et Guillemette riait d'un petit sourire qui ne signifiait rien de bon.

« — C'est une affiche, ce sont des livres que je portais chez M. l'intendant lorsque je vous ai rencontrée hier, répondit l'avocat à voix basse. Depuis quelque temps déjà notre ville, notre province sont inondées de publications clandestines et dignes du feu... Pourtant ce serait grand dommage de brûler ces petits livres ; le papier en est beau, les caractères ressemblent beaucoup aux caractères d'argent du château de Richelieu, et enfin, si la malice y abonde, l'esprit n'y manque pas.

« — Oui-da ! reprit Guillemette en ouvrant un de ces livrets avec le soin et la curiosité d'un amateur, il paraît que vous vous y connaissez, messire ! Voyez-moi cette reljure ! C'est fait à la hâte, et c'est bien fait ! On y sent moins le travail que la division même du travail. La tranche est droite, les nerfs sont vifs, la tranche-file est élégante, le filet est bien tiré, le papier est bien battu ; on ne relie pas mieux à Port-Royal les livres de *messieurs !* » En même temps elle ouvrait le précieux volume d'un doigt bien appris, et de sa voix moqueuse elle lisait tout haut : « On peut prouver, par bonnes
« raisons, que l'Église jésuitique ne croit
« ni au Père, ni au Fils, ni au Saint-Esprit ;
« cette Église enseigne et pratique une mo-
« rale et des maximes dont tous les hommes
« qui sont sur la terre, même les plus pervers
« et les plus dénaturés, auraient une extrême
« horreur s'ils les connaissaient. Elle exerce
« une tyrannie si énorme sur la conscience

« des hommes, que tout ce qui a jamais été
« fait ou pensé par les plus violents et les
« plus cruels tyrans n'en a pas appro-
« ché[1]. »

Ici Guillemette ferma le livre. « Ah! ah!
dit-elle, la belle lecture et les bons livres
pour M. l'avocat en parlement! Avocat
pendu, avocat brûlé, et les cendres des
livres et les cendres du propriétaire jetées
aux vents, afin que les bonnes âmes puissent respirer tout à l'aise, l'attaque et la
défense, le poison et le contre-poison! »
Elle riait, elle était charmante; la bouderie
et la tristesse avaient abandonné tout à fait
ce beau visage; ces deux grands yeux d'un
iris changeant se remplissaient tour à tour
de flammes bleues et de flammes noires,
passant de la tendresse à la haine, de l'ironie à la bonté, du souvenir de son ennemie
à la contemplation rapide de ce timide

(1) *Parallèle du Socinianisme et du Papisme.* Toulouse,
1674.

jeune homme, son amoureux! C'est ainsi que cette fille, qui s'endormait hier au foyer d'un inconnu, vaincue par des colères effacées à demi, s'était réveillée ce matin, semblable à l'alouette matinale, tantôt dans le sillon et tantôt défiant le soleil ; non, rien n'était vif, alerte, coquet, jaseur, silencieux, animé à bien dire, éveillé comme cette belle personne oubliée au chevet des malades, au lit des infirmes, où elle était occupée à panser des cancers, à entendre râler des agonies, à servir, humble servante aux belles mains royales, des vagabonds hideux, qui, à peine rendus à la santé, retrouvaient, en voyant cette belle garde-malade, les ignobles pensées de toute leur vie. De là un mélange de force et de langueur, de volonté et de nonchalance, de commandement et d'obéissance, de trouble et de décision; jeunesse ôtée un instant de ses sentiers d'aubépines, printemps chargé de frimas; mais la branche fleurie secouait la neige rigoureuse, et la blancheur mortuaire du givre glacial s'avouait vaincue enfin par l'incarnat florescent de l'amandier à son premier parfum. Donc, qui que vous soyez, je puis vous dire qu'il y eut, en ce petit moment et dans ce petit coin d'un galetas poétique, les plus honnêtes et les plus ravissantes amours qui se soient épanouies sous le soleil du Midi. Ainsi le chaste sonnet de Pétrarque resplendit en mille floraisons dans votre glace brûlante, ô Laure de Noves, la gloire de la poésie italienne et de l'honneur provençal!

Puis, lorsque, semblable à une chevrette échappée de la maison du meurtre qui se retrouve enfin, bondissante, au sommet des montagnes, entre le cytise fleuri et le serpolet odorant, la belle et naïve Guillemette se fut abandonnée à toute la joie de sa liberté retrouvée et de la vengeance attendue, et que, plus calme, elle vit ce jeune homme à ses pieds, une main dans ses mains et les yeux sur ses yeux, elle retomba peu à peu de l'idéal dans la vie réelle, et alors, retirant sa main et le regard plus sérieux :

« Il ne faut pas m'en vouloir, dit-elle à ce jeune homme qui la contemplait comme une de ces visions au delà des mondes créés, qui n'apparaissent qu'une seule fois au regard des mortels, si je suis folle en ce moment qui va décider de ma vie entière : j'ai tant souffert! Vous devez connaître cela, maître, vous qui avez traversé, j'en ai peur, une enfance laborieuse, une jeunesse contrariée, un abîme de livres, de veilles, d'études; vous qui avez marché sans relâche, à travers toutes les épines, du droit civil au droit romain, du droit canon à la théologie; vous qui n'avez connu que l'odeur et la lueur de la lampe à l'âge des fleurs et des sonnets, qui n'avez entendu que les hurlements de l'école à l'heure où chantent les rossignols dans les bois. Voilà pourtant mon enfance..... et voilà ma première jeunesse! J'ai été élevée, moi aussi, au milieu des disputes; à dix ans je dissertais sur la grâce, à dix ans j'apprenais saint Augustin par cœur, et, pour me distraire, les poésies de M. d'Andilly! M. de Saint-Cyran! — Voilà la première tête que j'aie vue à mon chevet et la première image qui ait frappé mes regards! — Si vous saviez quel triste camarade pour une fille de seize ans! Cet abbé de Saint-Cyran vous regarde avec les yeux d'un mort, et cependant il plonge dans votre âme pour y chercher — aveugle! — non pas les pensées de la jeunesse, mais des maximes, des disputes, des dogmes, et toutes les controverses qui ont occupé cet homme de marbre durant sa vie! — Et l'avoir là nuit et jour, éveillée ou en rêve, cet homme muet qui vous interroge sur un catéchisme de son invention! C'est ainsi que j'ai été élevée par ma mère, une des filles de Saint-Augustin et de la mère Angélique! Et pas d'autre consolation, pas d'autre amitié! Accepter, toutes faites, ces haines, ces prières, ces formules; adorer ces martyrs, ces ténèbres! Etouffer son âme, briser son cœur, faire de sa jeunesse une charpie que l'on jette dans toutes les plaies! Ainsi j'ai vécu, moins heureuse que cette plante de romarin qu'on a vu fleurir aux mains d'une morte, dans un cercueil! Et quand ma mère eut quitté ce monde, où elle a vécu dans le tremblement et dans l'épouvante, la sainte femme! qu'ai-je fait, malheureuse? J'ai quitté la rude maison paternelle, pour passer sous un joug moins austère, il est vrai, mais plus cruel! O misère! à vingt ans ne plus savoir qu'obéir, obéir à qui? juste ciel! à une femme altière, insolente, implacable, qui vous commande comme une femme commande, et à qui il faut obéir comme on obéirait à un Dieu! »

Ainsi elle parlait, et, parlant ainsi, elle portait son histoire dans ses yeux! Non, jamais éloquence plus touchante ne fut plus remplie d'accent et de flamme! Heureusement pour lui que notre ami du Boulay n'était pas digne encore de comprendre ces paroles, semblables à la lave du volcan. Cette âme endormie se réveillait à peine; cet esprit sous les glaces se réchauffait lentement; ce jeune homme n'avait commencé à vivre que la nuit passée, de minuit à une heure du matin, et encore il vivait comme dans un rêve! Tant de jeunesse, une si éclatante beauté, un si poétique désespoir, c'était frapper trop fort, pour frapper juste, sur ce cœur à demi créé; passer soudain de la nuit profonde au grand jour, sans observer les lentes transitions du crépuscule et de l'aurore, c'est le métier des aigles.... ou des brutes! Notre ami du Boulay n'était pas un aigle, encore moins une brute. C'était une bonne nature, honnête et tendre, tempérante et chaste, mais une nature plébéienne, attachée à la glèbe, ou, ce qui revient au même, attachée par les liens de la nécessité à la vie étroite et rude qu'il faut gagner à la sueur de son front. Pénible vie, hélas! quand un pauvre homme de talent n'ose regarder en face ni l'amour, ni l'ambition, ni la fortune, ni les honneurs, les prestiges de la vie et son excuse! Triste vertu! quand il faut se contenter de l'humilité, comme de la seule vertu à son usage! En présence de Guillemette, éclatante de toutes les beautés de l'inspiration et de la jeunesse, notre avocat était comme un homme qui, croyant ramasser un ver luisant, aurait trouvé une étoile; on lui parlait la langue même du poëme, il répondait en vile prose, ou plutôt il ne savait que répondre encore, tant il était peu habitué au langage des passions humaines dans ce qu'elles ont de tendre et d'éclatant.

Il faut dire aussi que le poëte, tel qu'il s'est révélé plus tard, le poëte oisif, n'était pas connu en ce temps-là; on ne savait rien de cette poésie en l'air, au milieu de la France d'autrefois; on n'avait pas encore entendu parler de Roméo aux pieds de Juliette; on savait, en revanche, mademoiselle de La Vallière aux pieds de Louis XIV. Laissez faire le génie français! René viendra en son temps, à son heure. Sous le grand roi, nous ne connaissons que l'amour qui se fait à Versailles! Le roi d'abord, et quand il a porté sa lèvre à la coupe enivrante, la lie à qui la voudra! Si, par aventure, quelque noble cœur s'est rencontré pour aimer, dans ce siècle, autre chose que le roi et la royauté, tenez-vous pour assuré que ce cœur-là est le cœur d'une femme. Racine lui-même a fait ses chefs-d'œuvre avec les amours de Louis XIV; il a laissé de côté ses propres amours!

Toutes ces choses-là furent devinées confusément par mademoiselle de Prohenque; elle comprit, au regard inquiet de du Boulay, qu'il n'était pas de ces hommes à qui l'églogue même parle la langue des consuls, et alors, en fille habile, elle lui parla tout simplement le petit patois inoffensif de la conversation de chaque jour.

« Vous voilà bien surpris et bien étonné, monsieur, de mon enthousiasme et de mon orgueil! Pardonnez-moi; je suis encore, sans le savoir, sous l'influence de ma fuite et des aventures de cette nuit. Je sais tout ce que vous pouvez me répondre; je sais, aussi bien que vous, qu'une fois hors du monde des vivants, toutes les portes nous sont fermées, qui ne sont pas les portes d'un cloître, et j'allais, en effet, implorer l'hospitalité des dames ursulines, lorsque vous m'avez tendu une main généreuse, au risque des plus grands embarras. »

A ces paroles, maître du Boulay retrouva

enfin cette présence d'esprit qui, jusqu'à ce jour, ne lui avait jamais fait défaut. Il répondit comme il devait répondre, non pas, certes, à la Galatée de l'Enfance, à l'oiseau qui déploie enfin ses ailes brillantes au soleil, mais à une fille honnête et sage et qui demande justice ! Il oublia l'hôte charmant de sa mansarde pour ne plus voir que la cliente, bien apparentée, qui lui apportait une grande cause à défendre ; en un mot, il ne fut plus que du Boulay l'avocat mais un avocat dévoué, courageux, ne songeant plus qu'à entreprendre une lutte difficile, et sans trop s'inquiéter s'il y laissera ses frêles espérances pour l'avenir !

Les choses étaient à peine convenues entre lui et sa cliente, que rentra, tout courant, dame Françoise. « M. l'intendant, dit-elle à l'avocat, en regardant Guillemette, attendra ce soir mademoiselle de Prohenque et maître du Boulay chez M. le viguier ! » Et comme elle voyait Guillemette pâlir : « Allons! fit-elle, prends courage! J'irai avec toi, mon enfant!

« — Donc, à ce soir, mon cher défenseur! » dit Guillemette. En même temps elle lui faisait une belle révérence de congé; puis, restée seule avec son amie d'enfance, elle se jeta dans ses bras, et, sans trop se rendre compte de leurs larmes, ces deux jeunesses se prirent à pleurer.

XI

M. de Foucaut était, nous l'avons dit, en l'absence de M. d'Aguesseau rappelé à Paris, intendant par intérim du Languedoc, et comme M. le prince de Conti venait de mourir, le gouvernement de la province avait passé au vieux duc de Verneuil, placé là tout exprès pour céder la place, quand il en serait temps, à quelque jeune prince en quête d'un gouvernement, à M. le duc du Maine, à peine au monde, par exemple, tant était grande et paternelle la prévoyance du roi pour ses moindres enfants.

La position de M. de Foucaut, en l'absence des grands pouvoirs du Languedoc et au milieu de ces troubles soudains, de ces révoltes inconnues, était une position des plus difficiles, pleine de responsabilité et de périls. — Il aimait, il honorait de toutes ses forces, et depuis longtemps, les évêques persécutés; il était quelque peu l'allié de M. l'évêque d'Alet; il était l'ami personnel de M. l'évêque de Pamiers. Il avait accepté, comme tous les bons catholiques, les remontrances de ces deux pères de l'épiscopat, et quand Sa Sainteté avait évoqué ces remontrances à son consistoire, il avait été des premiers à applaudir à l'intervention paternelle du Vatican. Mais l'orgueil royal avait refusé l'intervention du pontife; les brefs du pape étaient cassés; les évêques étaient en prison; du droit de régale, les gens du roi avaient passé à d'autres droits de la couronne pontificale, à ce point que l'opposition du roi et des

parlements au chef de l'Église approchait de l'hérésie. En même temps avaient éclaté les désordres dont la ville était remplie, et dans ce trouble unanime de toutes les consciences, en l'absence d'une main ferme et d'un esprit décidé, les magistrats de la ville et de la banlieue de Toulouse pouvaient tout redouter, même une sédition. Bien plus, le parlement de la province avait manifesté quelques doutes sur la légalité de certaines amendes imposées aux mécontents, à ce point qu'il fit rendre un cheval que les huissiers du roi avaient confisqué sur un non-régalien : « Ce qui était un arrêt
« de la dernière insolence, disait plus
« tard M. de Colbert, puisque c'était cas-
« ser votre édit; et alors Votre Majesté
« fit dire au premier président qu'il fallait
« casser cet arrêt ou s'attendre à en voir
« retomber la punition sur la compagnie;
« de quoi aussi furent prévenus votre pro-
« cureur général et vos avocats généraux,

« et, tous s'étant piqués d'honneur, le par-
« lement, après avoir tâché d'esquiver cet
« affront, cassa lui-même ce qu'il avait
« fait ! » A ce compte, personne ne fut puni,
excepté le vice-président, M. de la Terrasse,
qui avait rendu le premier arrêt et qui fut
suspendu de ses fonctions.

Or, ce soir-là, se trouvait justement, dans
le salon de M. le viguier ce même président
de la Terrasse, qui n'était plus que conseiller d'honneur au parlement ; homme de
mœurs austères et d'une âme tendre, très
bon chrétien et assez mauvais politique,
grand partisan de l'Enfance et de madame
la supérieure dont il admirait l'esprit et les
beaux yeux. M. de la Terrasse était, en ce
moment, dans toute sa ferveur d'indignation contre M. le premier président, François de Clary, qui avait obéi aux ordres de
la cour, et comme M. de Clary venait d'entrer à la viguerie, M. le conseiller d'honneur paraissait absorbé par une longue dis-

sertation philosophique entre MM. de Tourreil et de Campistron, pendant que le révérend père et docteur de Valderame, prieur du couvent de Saint-Augustin, et le révérend père Jacques Rébullosa, de l'ordre de Saint-Dominique, causaient mystérieusement dans un coin, et que la revêche madame de Fieubet se vengeait sur son mari (vengeance permanente) de tous les hommes qui lui avaient fait attendre un mari si longtemps. — Peu à peu arrivait, d'un pas plus hâté que d'habitude, la meilleure compagnie de la ville, en hommes et en femmes :
—Madame de Puibusque, qu'on appelait *la Belle* autrefois; la jolie madame de Basin et sa fille, déjà grandelette; messire Jean de Baraigne, un abbé de velours gris et à ramages, comme une Éminence; le chevalier Jean de Matignac, chevalier de Malte; M. et madame Laurency (qui voyait l'un voyait l'autre!), M. Raymond Serène, docteur en droit civil, et le frais licencié en

droit, Arnaud de Rosergio, l'attentif de madame Bernard de Maillac.

Dans cette réunion, que nous appellerions une réunion brillante si nous l'osions, un homme se tenait à l'écart; c'était un vieillard de soixante-dix ans, en cheveux blancs, noble visage doucement éclairé par deux grands yeux bleus, d'un bleu pâle et souffrant; ce vieillard n'était autre que le savant abbé Dorat, archiprêtre d'Aix. Très compromis lui-même dans les affaires du temps présent, il avait senti se rallumer dans son vieux cœur l'ancienne flamme des vieilles disputes religieuses, sa joie et sa gloire d'autrefois, et il accourait, prêt à conduire au martyre nouveau ses frères des persécutions passées, disant que le ciel appartient à ceux qui le ravissent, et que le chemin escarpé de la montagne vous mène plus vite au sommet.... La persécution nouvelle qui s'étendait, en ce moment, sur les églises du Midi, semblait avoir oublié l'abbé Dorat, et il s'en vengeait en défendant de toutes ses forces les persécutés et les proscrits.

Il n'est peut-être pas inutile de vous dire que M. le viguier appartenait corps et biens au roi et au père Lachaise, son confesseur; il était absolument, en homme prudent et sage, de la religion de Sa Majesté, ni plus ni moins catholique, apostolique ni plus ni moins; c'était, au demeurant, une belle âme, sinon une bonne âme; opprimé par les nécessités présentes et par les promesses à venir. Au reste, cette charge de viguier était considérable; elle conférait la noblesse; M. le viguier était le chef des capitouls, qui prêtaient serment entre ses mains; il était le juge ordinaire de la ville et viguerie de Toulouse; il rendait la justice dans son palais même, situé sur la place de la Daurade, sombre maison qui tenait du tribunal, de la prison et du couvent. M. le viguier s'appelait, en ce temps-là, le baron Pierre Arnaud du Pont.

Le salon était vaste; sombre était le vestibule, l'escalier immense, l'ameublement rare, la réunion sérieuse. On parlait à demi-voix, chacun se tenait à sa place, attendant son tour, et s'y prenait à deux fois avant de faire une interrogation à son voisin. Madame la baronne Pierre Arnaud du Pont, une prude, était une Prohenque, la cousine germaine de Guillemette de Prohenque, et, quand elle vit entrer chez elle sa jeune parente, qu'elle croyait à cette heure dans la maison de l'Enfance, madame la viguière devint pâle comme la mort. Elle n'aimait pas cette jolie et pimpante cousine; elle avait tremblé longtemps sous le feu de ce regard moqueur, de ce sourire insolent, et elle ne s'était quelque peu rassurée qu'en la voyant dans cette demi-clôture! — Guillemette! Était-ce bien Guillemette, dans cette robe un peu courte, dans ces souliers à talons, sous ce bonnet à la Fontevrault qui sentait quelque peu la grisette endimanchée? — Il fallut bien reconnaître que c'était Guillemette et lui tendre une joue dédaigneuse! Ainsi firent les autres dames, très étonnées de cette apparition, d'autant plus que dans l'ombre voisine de la porte se tenaient dame Françoise et l'avocat du Boulay! Dans le coin opposé, madame l'élue et madame la baillive jouaient au piquet; deux conseillers jouaient aux échecs; tout à l'extrémité, entre les deux fenêtres, s'agitait le cornet d'un tric-trac.

Mademoiselle de Prohenque, assez mal reçue par ces dames, fut mieux accueillie par ces messieurs; M. le viguier l'appela sa cousine; M. le conseiller d'honneur lui offrit un beau compliment, tout frais cueilli sur l'Hélicon du Languedoc; M. l'intendant la salua, d'un grand air de mystère, sans oublier d'accorder un signe de tête à ce pauvre M. du Boulay! L'infortuné! il avait arrangé toutes choses pour faire son entrée dans un tribunal.... on le menait dans un salon !

La conversation, un instant indécise, se trouva bientôt lancée en pleine théologie; car, à tout prendre, c'est toute la philosophie, disons mieux, toute la politique du dix-septième siècle. Pas un homme de quelque importance dans l'État, dans l'armée, dans les lettres, qui ne fût très instruit dans ces questions qui agitaient le monde, et qui n'en parlât sérieusement, car les hommes ne plaisantent guère que des choses qui les touchent peu. M. le prince de Conti a fait un livre de théologie; M. le prince de Condé a soutenu sa thèse en Sorbonne; Bossuet, à dix ans, improvisait un discours de théologie en plein hôtel de Rambouillet; vous verrez plus tard M. de Bussy, le vif et charmant esprit, après avoir épuisé les licences de la moquerie la plus ingénieuse et la plus salée, se convertir aux études les plus édifiantes. Dans tout ce grand siècle se fait entendre la théologie aussi haut que la poésie elle-même; le petit bourgeois passe sa vie à l'église, dans les sacristies, dans les conférences; ses plus grandes distractions se composent d'un beau sermon à entendre, d'une belle procession à préparer. Quoi d'étonnant? Les uns et les autres, ils s'étaient battus naguère pour des opinions religieuses, sans compter le marquis de Louvois, le terrible missionnaire qui déjà préparait ses dragons.

Dans l'intervalle arrivèrent, d'un pas silencieux, le père Rauchin et le père Housset, deux hommes importants de la société de Jésus : le premier, qui était la prudence en personne; le second, non moins habile, qui, avec les plus limpides dehors de la plus insigne piété, trouvait le moyen de mentir, même en disant vrai. Ces habiles gens n'avaient pas été les derniers à deviner les progrès cachés du jansénisme dans cette ville qui leur avait appartenu si longtemps et sans conteste, et même un des leurs, un jésuite naissant, mais réservé aux plus violentes entreprises, le père Ferrier, avait indiqué, le premier, à la sollicitude de ses frères, la maison de madame de Mondonville, comme un lieu dangereux pour leur influence ; bien plus, s'il n'avait pas exigé l'exil de M. de Ciron, le père Ferrier pouvait s'avouer à lui-même qu'il n'y avait pas nui !

Les deux jésuites prirent place, non loin de M. de Foucaut, l'intendant, qui semblait les attendre avec une certaine impatience. En ce moment la conversation baissa d'un ton (l'instant était décisif), et tous les regards se portèrent, inquiets, soupçonneux ou irrités, sur mademoiselle de Prohenque, la pauvre Guillemette, qui semblait perdue au milieu des plus tristes et des plus profondes réflexions. — « Voilà donc, se disait-elle, l'accueil qui m'était réservé dans ce monde où je ne devais rencontrer que des amis ou des parents prêts à me recevoir? » En même temps elle comparait la froideur de ce salon, voisine de l'insulte, à la bienveillance qu'elle avait rencontrée à l'Enfance! Là, elle régnait au milieu de la vie active, des loisirs occupés, des bonnes œuvres abondantes! là, elle était entourée d'estime, de bénédictions et de louanges, chaque instant de la journée lui apportant une émotion nouvelle! Et dans la rue une foule attentive, et dans les champs les grâces et les sourires, et partout l'abondance, la considération, la fortune! Ainsi songeait Guillemette; et, dans le lointain, elle revoyait madame de Mondonville, non plus irritée, non plus insolente, mais attristée, insultée, exposée à toutes les enquêtes! En ce moment elle entendit M. de Foucaut qui lui disait : « Vous plairait-il, mademoiselle, nous accorder un moment d'entretien? »

Sous le coup des regards qui l'entouraient mademoiselle de Prohenque ne rencontra de sympathie et de bienveillance que dans les yeux du père Dorat, bienveillance mêlée de reproche, sympathie mêlée de tristesse ! Les deux jésuites tenaient les yeux baissés; le père Ferrier semblait occupé à regarder par la fenêtre dans la cour; les femmes jouaient de l'éventail, et les plus vieilles tricotaient le bas de Pénélope, pendant que M. le président de la Terrasse cherchait en lui-même par quel moyen conjurer l'orage qui menaçait la maison de l'Enfance, et que maître Rémond Serène et son collègue Rosergio semblaient épeler leurs devoirs dans les yeux de M. le premier président. En un mot, l'anxiété ne pouvait guère aller plus loin ; seul, peut-être, parmi tant d'esprits inquiets et secrètement agités, maître du Boulay, semblable au juste d'Horace immuable sur les débris de l'univers, se sentait sûr de lui-même et de ses destinées, tant il comprenait, au fond de l'âme, l'autorité de la parole humaine. En ce moment, Guillemette, oubliée, s'appuya, un peu plus qu'il n'eût fallu peut-être, sur le bras de son intrépide défenseur, et du Boulay, prenant la parole, raconta, en bons termes, les aventures de la nuit dernière, à savoir, le ballot de pamphlets, l'affiche collée sur les portes de la cathédrale, mademoiselle de Prohenque franchissant les murailles de l'Enfance et se réfugiant chez madame Françoise, la femme du chirurgien ! A mesure qu'il parlait, redoublait l'attention de l'auditoire ; on n'entendait plus que le bruit de ces cœurs et le souffle de ces poitrines haletantes ! Mais aussi plus l'intérêt de l'assemblée allait en augmentant, et plus Guillemette comprenait quelle grande brèche elle allait ouvrir dans la bonne renommée et dans les hautes murailles de sa maison d'adoption.

Quand du Boulay eut parlé, ce fut, parmi ces hommes si divers, un immense désir d'interroger mademoiselle de Prohenque, tant l'interrogation était un grand art parmi ces criminalistes du parlement et de l'Église. Si le père Dorat eût été le maître de prendre la parole, il était sûr de ramener habilement la fugitive Guillemette sous le toit qu'elle avait abandonné ; au contraire, soumettez cette fille égarée et furieuse à la voix, aux regards, aux questions même les plus indifférentes du père Housset, ou seulement du père Rauchin, la supérieure de l'Enfance est perdue ! Heureusement que M. de Foucaut se chargea de l'interrogatoire de Guillemette ; et — le maladroit ! — quand il devait aller droit au fait, droit à la rancune et à la vengeance de cette fille déjà hésitante, il prit le détour, comme eût pu faire un criminaliste novice, allant méthodiquement du connu à l'inconnu, procédant par de mesquines insinuations, donnant à la personne interrogée le répit, l'arrêt, la réflexion ! En un mot, il ne sembla pas se douter, un seul instant, qu'il s'adressait à une honnête fille, très intelligente et très bien née, qu'animait l'esprit de Saint-Cyran, et qui ne pouvait pas se laisser demander, par exemple, si elle vivait dans la honte et dans l'hérésie !

« Non, monseigneur, dit-elle, et je suis fâchée de n'avoir pas été comprise ! Il n'y a ici ni honte, ni hérésie ! Il y a une fille entourée de ses amis, non de ses juges, qui n'est liée par aucun vœu, qui s'est enfuie d'une maison à laquelle nulle force ne l'attache, dans un moment de dépit qu'elle croit juste, et qui s'estimait heureuse de pouvoir expliquer, dans une causerie intime, en présence de gens qu'elle honore, et sans tant d'interrogations inutiles, pourquoi elle était partie un peu à l'aventure ! Mais, au fait, la chose ne valait pas cette solennité. »

M. de Foucaut, à la réponse de Guillemette, aussi bien qu'à l'attitude des trois jésuites, comprit à demi qu'il était dans le guêpier; et, comme il arrive le plus souvent, il ne fit qu'augmenter le guêpier au lieu d'en sortir.

« Pardonnez-moi, dit-il à mademoiselle de Prohenque, si je me suis mal expliqué. Lorsque j'ai parlé de honte et d'hérésie, à Dieu ne plaise que je veuille accuser en rien l'orthodoxie et l'honneur de la maison d'où vous sortez; je parlais seulement, et encore *doctrinaliter*, non *juridice*, c'est-à-dire par forme de discours, et non autrement, de ces livres, de ces brochures, de ces affiches rencontrés, en même temps que vous, dans les rues écartées de notre ville! Vous savez si les honnêtes gens et les vrais chrétiens ont en horreur ces délits et ces crimes; si notre province en est sérieusement attristée; s'il n'y a pas un grand danger pour tous les bons sujets du roi de mêler méchamment le peuple de France à ces démêlés avec l'Église! Quels plus terribles discours, en effet, que ces discours de *Jacques Bonhomme* avec son compère le crocheteur? Quelles facéties plus scandaleuses que les comédies de maître *Pierre du Coignet* et de maître *Guillaume*, et n'est-ce pas faire descendre la dispute aussi bas et aussi cruellement qu'elle peut descendre, de la façon la plus funeste et la plus perverse, et dans les âmes les plus dangereuses et les plus perverties ? Or, voilà justement ce qui nous inquiète, mademoiselle ; voilà ce que nous voulons savoir de votre loyauté, et si jamais, allant et venant comme vous faites d'un bout de la ville à l'autre, et dans tous les lieux obscurs, le hasard vous a mise sur la voie et le secret de ces fauteurs d'iniquités, je vous adjure de nous le dire, au nom de Dieu!... » Puis, comme Guillemette hésitait, il ajouta : « Je vous le commande au nom du roi ! »

Au nom du roi! fut de trop. Mademoiselle de Prohenque n'avait pas été élevée, tant s'en faut, dans la soumission, sans contrôle, de cette royauté adorée, dans ce dévouement absolu à la volonté absolue, quand cette volonté était contraire au droit des gens, au droit apostolique, aux canons des conciles généraux et universels, aux choses qui tiennent immédiatement de Dieu et de la conscience! On ne lui avait pas dit (c'était pourtant la leçon, et la religion de la majorité des sujets de Louis XIV) : — Le successeur légitime de saint Louis et de Philippe le Bel, de Charles V et de Louis XI, de Louis XII et de Henri IV, a le droit d'abolir d'un mot, d'un signe, tous les droits de l'Eglise universelle : pragmatiques, bulles, sanctions, statuts, conciles œcuméniques, en un mot toutes les lois établies par tant de siècles d'obéissance catholique! On ne lui avait pas enseigné (c'était pourtant tout l'enseignement des écoles, hors de Port-Royal) que la majesté des rois était une infusion de la majesté divine, que Dieu lui-même a proclamé leur autorité au plus haut des cieux et par toute la terre, et qu'il les a doués, presque toujours, des vertus suffisantes à bien porter la couronne! Encore moins pouvait-elle se douter que la volonté du roi était la règle unique. Oui (c'était la doctrine, et nous la racontons comme on mettrait sous les regards d'un antiquaire studieux quelque vieille médaille retrouvée au fond d'un puits), le roi est le maître! Il fait les lois, les rangs, les prérogatives, et comme il les a faits, il peut les détruire; tout privilége vient de lui seul, il le donne et il l'ôte à son gré; il est au-dessus de tout, il règle tout, il peut tout. L'ordre, la grandeur, le lustre, la considération, la gloire, la sûreté, la fortune et le maintien de la France, la France qui est son royaume, sa terre, sa chose, dépendent de lui et de lui seul! — Nous le disons donc, à la louange de qui de droit,

ces idées courantes, qui étaient comme le sang et l'âme de la nation française, n'étaient pas entrées dans l'esprit de mademoiselle de Prohenque ; elle avait été élevée à des écoles moins complaisantes, dans lesquelles on lui avait enseigné, tout d'abord, une royauté soumise aux lois, une justice qui dominait la couronne elle-même, et des libertés aussi claires que le soleil!
« Surtout, disait Port-Royal avec saint
« Paul, conservez avec soin la forme des sai-
« nes paroles : *Formam habes sanorum verbo-*
« *rum!* c'est-à-dire évitez la nouveauté profa-
« ne, évitez la flatterie honteuse, évitez l'es-
« clavage de l'âme ; que votre cœur ait foi à
« la justice, si vous voulez que votre bouche
« confesse le salut ! » Elle savait donc, par la forme même des paroles avec lesquelles on l'interrogeait, qu'au *nom de Dieu!* c'était assez dire ; qu'au nom du roi, elle était la maîtresse de ne pas répondre. C'est ainsi que cette noble fille, emportée un in-

stant par un impérieux besoin de liberté et de vengeance, se repliait sur elle-même et revenait peu à peu sur ses pas.

Déjà même elle se lassait de ces interjections, de ces regards, de ces murmures, de ces silences! Étonnée, interdite, éperdue, elle regardait, l'un après l'autre, chacun des hommes qui l'interrogeaient avec tant de hâte et d'insistance, et en présence de ces têtes violentes, implacables ou froides, à l'aspect de ces docteurs de Saint-Dominique, sous le regard immobile du père Ferrier, elle se demandait, tremblante, si, en fin de compte, sa vengeance ne dépassait pas toutes les bornes, et si elle n'allait pas commettre une immense lâcheté, une ingratitude énorme, en donnant tant de joie à ces gens-là? Le père Ferrier lui faisait peur; elle était mal à l'aise sous le regard patelin du père Housset; quant à M. l'intendant par intérim, elle eût été toute disposée à le traiter avec le sans-gêne d'une belle fille d'esprit qui se trouve aux prises avec un sot... La partie féminine du salon, ces femmes curieuses et attentives en dessous, arrêtaient toute sa verve prête à éclater, pendant que le vénérable abbé Dorat, au regard affligé et plein de compassion, inquiétait cette âme incertaine. — A tout prix, se disait-elle, il me faut gagner l'estime de ce vieillard! — Toutes ces choses se passaient confusément, péniblement dans l'esprit de Guillemette. Ah! ce n'était déjà plus l'active, enjouée et éloquente Guillemette de tantôt!

Personne, dans toute l'assemblée, ne ressentit le contre-coup de ces hésitations plus que l'avocat de mademoiselle de Prohenque; il comprenait que, s'il ne ramenait pas, en ce moment et par quelque retour imprévu, l'indignation et la colère dans cette âme obsédée de mille visions, tout lui échappait à lui-même : sa cause, sa maîtresse, son talent, sa gloire, ses amours, et qu'il retombait, pour toujours peut-être, dans la défense banale des querelles de cabaret, dans les disputes du mur mitoyen ; à coup sûr sa cliente était troublée, déjà même elle regrettait une évasion qui rencontrait si peu de sympathies ; elle avait peur ; mieux encore, elle avait honte ! Comment faire pour la forcer à parler, et comment lui arracher son secret ? En ce moment, dame Françoise vint en aide à son ami du Boulay.

« Çà, dit-elle, ma chère Guillemette, pourquoi trembler ? Vous étiez plus décidée et plus forte ce matin même, ma chère enfant ! Voyons ! songe à te défendre ; car, maintenant, ces messieurs et ces dames te regardent, ou peu s'en faut, comme une fugitive, comme une fille perdue ! Montre-leur donc enfin que tu es née demoiselle, que tu es une noble fille qui sait ce qu'elle fait, qui sait ce qu'elle dit, et qu'elle n'obéit pas à un caprice lorsqu'elle s'enfuit !

d'une maison détestée!... Il y va de votre honneur, Guillemotte, songez-y.

« — Tu le veux! s'écria mademoiselle de Prohenque; vous le voulez, monsieur (s'adressant à du Boulay); vous seuls êtes mes amis, mes vrais amis; vous m'avez recueillie et accompagnée ici même, à vos risques et périls; vous le voulez, je dirai tout! » —

Il y eut, en ce moment, un silence de mort dans ce vaste salon à peine éclairé. Le jeu s'arrêta! La conversation, ou plutôt la causerie çà et là errante, tomba abîmée en ces contemplations; à peine si l'on entendit le bruissement d'un carrosse qui s'arrêtait à la porte de M. le viguier.

« Parlez!.... » s'écria du Boulay. Et toutes ces âmes curieuses redoublaient d'attention; celui-ci retenait son souffle, celui-là son geste, cet autre son regard..... Encore deux minutes, et la supérieure perpétuelle de l'Enfance est perdue à n'en pas revenir.

« Parlez! parlez! mademoiselle, dit alors une voix ferme et sonore; parlez, ma fille!... » Et comme M. de Foucaut et ses complices faisaient un geste d'impatience : « Il me semble, monsieur, s'écria madame de Mondonville en relevant un côté de sa mantille, que j'ai bien le droit, moi l'accusée, de me trouver ici! »

En effet, elle était entrée, d'un pas très simple, en faisant une belle révérence, dans cette maison qui lui était connue, où elle se présentait comme une femme du monde qui fait une visite à ses amis; donc elle attendit, cachée dans les ombres, jusqu'à l'instant décisif où elle devait se montrer enfin dans tout l'éclat de ses mépris, dans toute la majesté de son orgueil. On eût dit, à la voir se dresser, irritée et calme, à côté de Guillemette interdite, qu'elle avait assisté, invisible, à cette longue série d'interrogations muettes, de réponses tremblantes, et qu'enfin elle sortait de son nuage pour mettre un terme à ces angoisses. — « Parlez ! dit-elle d'un ton plus doux, parlez, Guillemette ; racontez à des hommes, à des juges, à des jésuites, nos travaux, nos douleurs, nos misères, nos petites altercations de chaque jour ! Pour amuser, un instant, quelques-unes de ces belles dames, car j'en vois, dans le nombre, qui sont mes amies et mes compagnes, amusez-vous à briser vos serments et les serments de vos sœurs ; accusez le pain qui vous nourrit, le toit qui vous abrite, l'arbre qui vous prête son ombre, la source vive qui vous abreuve ! Livrez-nous, livrez-nous, ô ma chère compagne ! aux regards des profanes, aux violences du dehors, afin que, malgré le roi, le parlement et le souverain pontife, les soldats de M. le gouverneur pénètrent, la torche à la main, dans nos cellules, dans notre infirmerie, dans notre chapelle..... dans notre chapelle ! » Elle dit cela deux fois, et Guillemette se prit à trembler et à pâlir! Après une pause, la supérieure de l'Enfance : « Allons, dit-elle, allons, prenez courage, mon enfant ! et dites à ces messieurs tout ce que vous avez sur le cœur! écoutez, croyez-moi, écoutez les conseils de M. l'avocat. Pas de fausse honte! dites quelques-uns de nos crimes ; combien de vieillards nous avons nourris ; combien d'enfants élevés par nos soins, de malades sauvés, de morts ensevelis ! » Ainsi elle parlait d'une voix lente et calme, et dans une attitude impériale, appuyant chaque parole d'un regard plein d'un feu sombre. Éperdue et tremblante, Guillemette cachait sa tête dans ses deux mains : le serpent n'exerce pas une fascination plus puissante sur l'oisillon qui voltige autour de son nid.

A la fin, changeant de voix tout à coup, comme une femme qui ne plaisante pas et qui a pris son parti, elle s'approcha de demoiselle de Prohenque et elle lui dit :

« Suivez-moi ! » Et comme Guillemette hésitait encore, madame de Mondonville, arrachant son gant à sa main gantée : « Allons ! dit-elle en frappant Guillemette sur l'épaule, c'est assez divertir ces messieurs et ces dames de nos petits différends.... Nos portes vont se fermer, on nous attend à l'Enfance : Venez !... » Il paraît que c'était là un ordre irrésistible ! car à ce mot : *Venez !* Guillemette, vaincue et domptée tout à fait, obéit en silence, et, d'un pas calme, les mains jointes, sans dire un mot, sans adresser un regard d'adieu à personne, elle suivit cette femme, ou plutôt cette espèce de *Veni Creator* qui ramenait au bercail la brebis égarée. Toute la compagnie se leva pour saluer ces deux femmes, ou plutôt ces deux apparitions d'un instant. Dame Françoise se demandait si elle n'était pas le jouet d'un songe funeste. Du Boulay, frappé au cœur, voulait parler ; phénomène inexplicable, la voix lui manqua !

— Nous sommes battus! messieurs, dit enfin M. de Foucaut. — Ce ne sera pas pour longtemps, murmura le père Ferrier. — Savez-vous, mon père, ce que cela prouve? dit tout bas le père Rauchin au père Housset. — Cela prouve, reprit le père Housset, avec tout le respect que nous devons au roi Salomon, que le sage n'a pas seulement les yeux en sa tête, mais dans son esprit, et que le Languedoc a besoin d'un gouverneur! — Avez-vous remarqué, ma chère, la *fontange* de la supérieure? disait madame de Maillac à madame de Laurency. C'est vraiment trop beau pour une religieuse, convenez-en! — Peut-être avez-vous raison, mesdames, répondit M. de la Terrasse ; mais il faudrait dire aussi que les yeux sont trop beaux, que la tête est trop belle! Quel feu! quelle âme! quelles flammes de saint Augustin[1]! quel grand air! la noble taille, et je vous jure que je n'ai jamais regretté

---

(1) *Flamulæ amoris sancti Augustini;* 1629

davantage la dernière ordonnance de MM. nos vicaires généraux [1].

Un nouvel incident devait encore signaler cette mémorable soirée. Comme M. l'intendant rentrait chez lui, accompagné de M. le premier président, François de Clary, et des deux pères dominicains, causant tout bas du mauvais état de la province, un estafier accourait en toute hâte, annonçant que des dépêches reçues à l'instant même venaient d'apporter une incroyable nouvelle. — Les deux condamnés à mort dans l'affaire de la régale, le père Cerle et le père Aubarède, s'étaient enfuis, à la même heure et le même jour, celui-ci du fort de Blaye, celui-là de la citadelle de Montpellier, où ils étaient l'un et l'autre au cachot!

Cette nouvelle tomba comme un coup de foudre au milieu de ces hommes réunis par des passions si opposées.

(1) *Ordonnance des vicaires généraux de Toulouse contre la nudité des bras, des épaules et de la gorge;* Toulouse, 1669.

Mais quoi ! il est temps de donner quelque halte à votre patience. « Les chapitres « d'un livre sont comme autant d'hôtelle- « ries dans lesquelles se repose le lecteur, » disait saint Augustin ! Qu'est-ce à dire d'un volume, sinon une ville que le voyageur rencontre en son chemin, qui ne lui paraît pas des plus agréables et dans laquelle il fait cependant un séjour, tant il a peur de rencontrer le désert au delà?

FIN DU TOME PREMIER.

www.ingramcontent.com/pod-product-compliance
Lightning Source LLC
Chambersburg PA
CBHW070540230426
43665CB00014B/1760